A EXPERIÊNCIA
DO LABIRINTO

FUNDAÇÃO EDITORA DA UNESP

Presidente do Conselho Curador
Marcos Macari

Diretor-Presidente
José Castilho Marques Neto

Editor Executivo
Jézio Hernani Bomfim Gutierre

Conselho Editorial Acadêmico
Antonio Celso Ferreira
Cláudio Antonio Rabello Coelho
José Roberto Ernandes
Luiz Gonzaga Marchezan
Maria do Rosário Longo Mortatti
Maria Encarnação Beltrão Sposito
Mario Fernando Bolognesi
Paulo César Corrêa Borges
Roberto André Kraenkel
Sérgio Vicente Motta

Editores Assistentes
Anderson Nobara
Denise Katchuian Dognini
Dida Bessana

ANTONIO VICENTE MARAFIOTI
GARNICA

A EXPERIÊNCIA
DO LABIRINTO
Metodologia, história oral
e educação matemática

© 2008 Editora UNESP

Direitos de publicação reservados à:
Fundação Editora da UNESP (FEU)
Praça da Sé, 108
01001-900 – São Paulo – SP
Tel.: (0xx11) 3242-7171
Fax: (0xx11) 3242-7172
www.editoraunesp.com.br
feu@editora.unesp.br

CIP – Brasil. Catalogação na fonte
Sindicato Nacional dos Editores de Livros, RJ

G222e

Garnica, Antonio Vicente Marafioti
A experiência do labirinto: metodologia, história oral e educação matemática/Antonio Vicente Marafioti Garnica. -- São Paulo: Editora UNESP, 2008.
il.
Inclui bibliografia
ISBN 978-85-7139-861-0

1. Pesquisa -- Metodologia. 2. Matemática -- Estudo e ensino. 3. História oral. I. Título.

08-3141.
CDD: 001.42
CDU: 001.8

Este livro é publicado pelo projeto Edição de Textos de Docentes e Pós-Graduados da UNESP – Pró-Reitoria de Pós-Graduação da UNESP (PROPG) / Fundação Editora da UNESP (FEU)

Editora afiliada:

Dedico este trabalho
aos meus (des)orientandos.

Agradeço a Seu Nivaldo,
Ivete Baraldi e Paula Opromolla
(pela disponibilidade e atenção);
Dorival, Vanilda e Eliete
(pela motivação sincera e constante);
Alexandre (por Astérion);
Carlos, Emerson e Luzia (pela
leitura atenta e sugestões);
Departamento de Pesquisa
do Instituto Lauro de Souza Lima
(por autorizar pesquisa tão
diversa da realizada naquela
Instituição); Departamento
de Matemática da Unesp de Bauru
(por compreender a necessidade
de uma redução temporária
em minha carga didática); CNPq
(por ter financiado a pesquisa
que sustenta este livro).

Sumário

Introdução 11

1 Um conto 19
2 Escritos d'*Escritos sobre mitos, monstros e prisões* (percorrendo "A casa de Astérion") 23
3 Filhos de Astérion 45
4 Mineração, composição, desconstrução: análise? 69
5 Circunstâncias, contingências, complementações, conveniências 125

Referências bibliográficas 207

INTRODUÇÃO

"Eu tenho por bem que coisas tão assinaladas, e porventura nunca ouvidas nem vistas, cheguem ao conhecimento de muitos e não se enterrem na sepultura do esquecimento, pois pode ser que alguém que as leia, nelas, encontre algo que lhe agrade, e àqueles que não se aprofundarem muito, que os deleite. A esse propósito diz Plínio que não há livro, por pior que seja, que não tenha alguma coisa boa. Principalmente porque os gostos são variados e o que um não come, outros se matam por comer."

A epígrafe a esta Introdução é um excerto do prólogo do *Lazarilho de Tormes*.[1] Na verdade, são as primeiras frases dessa obra-prima da literatura espanhola e universal, e a expressão obra-prima, aqui, tem

---

1   *A vida de Lazarilho de Tormes, e de suas fortunas e adversidades* é uma narrativa anônima do século XVI (as edições mais antigas conhecidas são de 1554). A mais recente tradução para o português, publicada em 2005 pela Editora 34, toma como base a chamada Edição de Medina Del Campo, encontrada no ano de 1992 quando, para uma reforma, derrubou-se uma parede no sótão de uma casa na província de Badajoz, Espanha. O proprietário pretendeu, com a parede, salvar uma biblioteca de onze volumes, todos datados do século XVI e proibidos pela Inquisição. "Ao anônimo que um dia arriscou a vida para preservar este livro" é a dedicatória dos tradutores brasileiros.

12 ANTONIO VICENTE MARAFIOTI GARNICA

sentido pleno. É *prima* no sentido de primeira, anterior mesmo ao *Dom Quixote* de Cervantes e, portanto, inauguradora do gênero literário romance; e é uma obra-prima pela forma com que relata a vida de um homem comum, filho de um moleiro, e cuja mãe – cedo viúva – tratou de lavar e cozinhar para estudantes de Salamanca.

Não são, porém, as aventuras – ou desventuras – de Lazarilho que pretendo comentar. A escolha da epígrafe deveu-se a seu tom paródico: é pomposa, digna dos inícios das novelas de cavalaria, dos enredos fantásticos, da narrativa dos grandes feitos pelos grandes homens. E, no entanto, o que se segue a essa monumental frase de abertura é uma vida "tão sem importância que sequer pareceria digna de ser contada". Serve, portanto, guardadas as devidas proporções, às intenções e ao contexto deste trabalho, intenções essas que essa Introdução tentará expor com mais clareza.

Os textos que compõem este livro foram primeiramente apresentados para um concurso de livre-docência. O edital para esse exame reza em um de seus tópicos que "o candidato deverá apresentar dez exemplares da tese original e inédita ou texto que sistematize criticamente sua obra ou parte dela, alcançada após o doutoramento e por ela apresentada de forma ordenada e crítica de modo a evidenciar a originalidade de sua contribuição nos campos da Ciência, das Artes ou das Humanidades". Creio que são poucos os professores-pesquisadores que ficariam à vontade – ou manifestariam estar à vontade – diante dessa necessidade de comprovar a "originalidade de sua contribuição nos campos da Ciência, das Artes ou das Humanidades". Primeiramente porque, para evidenciar tal originalidade, deve-se partir do pressuposto de que há alguma originalidade no que se fez; e para comprovar a contribuição dessa originalidade dever-se-ia ter como certa essa contribuição. Segundo, porque julgar a originalidade e a contribuição do que se fez é algo que depende fundamentalmente de uma análise tanto das circunstâncias que possibilitaram o que foi feito quanto do seu alcance e das formas como a produção foi apropriada por quem quer que seja, o que vai muito além das possibilidades do próprio autor. Terceiro, pela exigência de assujeitamento a uma legislação que pressupõe estarmos estaticamente inscritos em uma área (nas Ciências, nas Artes ou nas Humanidades) específica.

A EXPERIÊNCIA DO LABIRINTO 13

Diante de tal imposição do edital, portanto, é difícil não nos sentirmos como Lazarilho sentir-se-ia tanto em relação àquele que, parodicamente, o promoveu a herói com seu prólogo (o edital parece exigir bem mais do que penso ser ou ter) quanto em relação aos tradutores que, ao mesmo tempo, discutem a paródia caracterizando-a como "tão sem importância", tendo uma vida que nem sequer valeria a pena ser contada.

Este trabalho tentou consolidar algumas compreensões que foram possíveis durante minha vida acadêmica e tenta consolidá-las reforçando algumas diretrizes (é o caso da Hermenêutica, cujos estudos iniciei ainda no mestrado e que até hoje – ainda que transitando por outros temas, com outras fundamentações e visando a outros recursos – continua sustentando predisposições ante os textos, quaisquer que sejam eles); revisitando outras (é o caso, por exemplo, de minhas concepções sobre história oral que, embora eu ainda conceba como método qualitativo de pesquisa, foi sendo reconfigurada, inserindo-se numa região que se estende muito além dos domínios da historiografia propriamente dita); e exercitando novas aventuras em searas novas (a intenção de ter as formas artísticas como referência é um domínio ainda inexplorado em meus trabalhos. Esse exercício permite que vários conceitos, abordagens e procedimentos adquiram contornos muito diferenciados daqueles que inicialmente eu propunha e nos quais eu inicialmente pensava).

Para registrar essa minha disposição de reforçar algumas compreensões, fazer novas visitações ou revisitar, complementando, compreensões passadas, elaborei os microtextos[2] que constituem este livro. A forma de apresentação que me pareceu mais adequada foi a do ensaio: um gênero literário relativamente mais livre que um texto acadêmico de moldes tradicionais. Visando à fluência do texto e atendendo às disposições de um ensaio, reduzi nas citações as indicações

---

2   A tese original de livre-docência *Um tema, dois ensaios: método, história oral, concepções, educação matemática* era constituída por dois estudos compostos de vários microtextos. Julguei mais adequado excluir o segundo ensaio – sobre o tema "concepções" – para a composição deste livro.

14 ANTONIO VICENTE MARAFIOTI GARNICA

a datas, edições e páginas (também porque a maioria das referências aqui utilizadas não é nova e, com datas, sobrenomes, edições e páginas, já freqüentou minhas produções anteriores); e tentei uma organização textual diferenciada que incorporasse, ela própria, as teias de elaboração que os ensaios defendem: a liberdade de percorrer caminhos e deles trilhar alguns atalhos sem necessariamente a avidez de um resultado ou de um fechamento, a opção por focar alguns temas em detrimento de outros e a validade de se deixar levar pelas discussões sem espartilhá-las numa ou outra teoria ou área. O espírito dessa forma de compreender é o que imagino ser um diferencial na confecção e elaboração analítica que proponho: uma análise e um seu registro "rizomáticos", como são os labirintos com infinitos caminhos e infinitos atalhos.

À intenção de propor como possível e produtiva essa abordagem rizomática junta-se o registro do momento, o instante mesmo da produção, com suas inseguranças, debilidades, sucessos e contaminações; esse instante que via de regra nos isentamos de apresentar e cujo velamento faz nossas produções parecerem incríveis resultados diretos e lineares de um processo sempre racional, sempre correto, sempre isento, sempre unificado. Registrar o instante é, acredito, registrar as várias contaminações que nos fazem constituir nossos textos, escrituras que permitem que nos constituamos a nós próprios como textos cuja trajetória de elaboração estará aberta à análise do outro e que a ele permitirá conhecer nossas fantasias, nossas limitações, nossos encantos e desencantos: aquilo que somos, aquilo que queremos ser e aquilo que queremos que o outro creia que somos.

Por esses motivos, em alguns momentos adjetivo este meu texto como caótico. Com isso quis significar exatamente essa pluralidade de perspectivas que estiveram em jogo durante a confecção do ensaio: é um caos de estabilidades possíveis, um caos que responde a uma ordem e atende a uma intencionalidade, qual seja, a possibilidade de um exercício de análise que se deixe levar pelas compreensões e indícios que surgem no emaranhado do rizoma no qual nos vemos inseridos desde o momento em que optamos por ter algo como objeto de análise. Ou mesmo antes disso: quando nos percebemos em meio ao rizoma das compreensões e interpretações que fiam a própria existência. E

A EXPERIÊNCIA DO LABIRINTO 15

talvez seja um ensaio caótico se comparado a um determinado cânone acadêmico do qual pretendemos testar os limites e potencialidades, questionando a aparente e enganosa linearidade que a ingenuidade, por vezes, assume, reitera e dissemina como única forma de elaboração.

O ensaio é constituído de vários textos, microtextos, cada um deles tentando dialogar com os outros e, em suma, defendendo uma visão de história oral e de Pesquisa Qualitativa tendo como pano de fundo o depoimento de Seu Nivaldo Mercúrio, um ex-hanseniano que as circunstâncias levaram-me a conhecer. Não só o depoimento e sua análise, mas todas as cercanias dessa análise – suas motivações, seu desenvolvimento, o que penso serem seus fundamentos – é o que se registra nesse primeiro ensaio. Compõe-se de um conto de Jorge Luis Borges; uma tentativa de apreensão desse conto; a íntegra do depoimento de Seu Nivaldo; uma tentativa de apreensão desse depoimento; e um texto "final" composto de vários outros textos (talvez configurando uma meta-análise ou uma crítica da análise) ao qual chamei "Circunstâncias, contingências, complementações, conveniências".

Esses pequenos textos pretendem descrever motivações, recursos, estratégias, procedimentos, *insights*, descobertas, possibilidades; além de explorar concepções e apresentar algumas justificativas que julguei necessárias. Pretendem, em suma, abordar um universo de perspectivas que, de alguma forma, convergiram e tornaram possível esse ensaio (e não outro). Tanto quanto são as datas – como nos alertava Alfredo Bosi –, esses escritos pretendem ser pontas de *icebergs*, talvez pontos de luz. Pode-se procurar, a partir deles, um mais além e um antes; mas sua intenção principal é continuar defendendo a não-linearidade e pré-organização definitiva de um trabalho acadêmico e de uma sua análise. Eles têm por função sustentar que todo caminho para a compreensão é tortuoso, lacunar, incerto; permitindo argumentações em favor da pluralidade de recursos que nutrem ou podem nutrir a angustiante necessidade de compreender o mundo, as pessoas, a nós próprios. Os textos abordarão aspectos do como cheguei até este trabalho de livre-docência.

Se selecionei esses momentos que os textos relatam e não outros, foi por esses terem a mim parecido mais significativos, ou mais adequados, ou de elaboração mais exeqüível. É minha opção como autor e poderá – é o risco que se corre – parecer arbitrária e inconsistente aos leitores. Minha defesa para ter agido como agi é que se esses leitores construíssem seus pequenos textos, por exemplo, como uma tentativa de perscrutar por quê, nesse momento, estão lendo essa linha (e não outra); que conjugação de fatores reais ou cósmicos forjou essa situação em que hoje se encontram (e não outra); ou de que modo aprenderam a fazer o que julgam saber fazer; muito provavelmente teríamos um conjunto de textos tão caoticamente formados quanto esses. Em vez de procurar origens, procurei, com esses escritos, ressaltar exatamente as contingências e circunstâncias humanas que julguei significativas ou convenientes no universo de composição do ensaio.

Para compreender essa disposição é preciso solicitar ao leitor boa dose de paciência, pois os elementos mais reconhecíveis do texto – posto que meus interlocutores serão, em primeira instância, aqueles que transitam pela academia e que, portanto, já têm pressupostos estáveis quanto ao que é um texto acadêmico e o que deveria ser um texto para um exame de livre-docência – demorarão a ser explicitados. Os fios que costuram as várias afirmativas e os vários enfoques, bem como sua intenção de que esses liames argumentem em favor de uma tese, embora caoticamente, foram tramados de antemão (uma trama que, por certo, o leitor inicialmente desconhece e que, se espera, ele vá reconhecendo aos poucos). Para capturar o leitor e tê-lo como in-terlocutor, portanto, é importante convencê-lo a não desistir ante os primeiros estranhamentos. Haverá literatura, tentativa de análise lite-rária, depoimento de ex-hanseniano, análise que traz à cena monstros, mitos, castigos, crimes, aspectos sociológicos, históricos, haverá um pouco de muita coisa até que comece a ser esboçada – no texto e, talvez, na perspectiva de quem lê – uma trama que trará à frente do palco a educação matemática, a formação de professores de Matemática, uma proposta de pesquisa, um projeto de vida acadêmica.

Os textos que formam a parte final do ensaio terão temas (e títulos) mais imediatamente reconhecíveis como pertencentes ao universo de quem trabalha com educação matemática. Trataremos de "Origens, acasos, encontros", "Histórias", referências, "Método", "Procedimen-

A EXPERIÊNCIA DO LABIRINTO   17

tos, regulações, regulamentos", "Pesquisa qualitativa: categorias, posturas", "Educação matemática", " Escolas, professores e caipiras". É quando, espero, ter-se-á formado (algum) sentido às aparentemente estranhas tramas iniciais do estudo. O que se lerá, entretanto, não foi o que um autor disse ou pretendeu dizer, mas o que os leitores elaboraram a partir dessa intenção de dizer. E toda esta introdução talvez seja uma forma de preparação para obter desse leitor uma cumplicidade e uma disposição de entregar-se à leitura até seu final.

Se fosse necessário enunciar objetivamente do que trata este livro eu diria, fugindo um pouco da questão mas tentando configurar para mim mesmo a natureza do ensaio, que há nele um nítido matiz metodológico. O ensaio tematiza "método" – essa faceta da pesquisa tão maltratada atualmente pela academia que parece preferir os modismos e a reprodução irrefletida de procedimentos já experimentados. Este é, eu assumiria, um livro sobre as potencialidades e limitações de uma trajetória metodológica específica, com a pretensão de tecer um quadro geral tendo a metodologia como tema. Esse ensaio é um esforço humano (de ir e voltar com as mãos vazias?). Não se prende a uma única tendência, a um único teórico ou a uma única área. É um esforço multiperspectivo que, como tenho defendido, caracteriza a própria educação matemática, esse espaço acadêmico em que fui inscrito pelas circunstâncias.

1
UM CONTO

A casa de Astérion

> *E a rainha deu à luz um filho que se chamou*
> *Astérion.*
> *(Apolodoro, Biblioteca, III, 1)*

Sei que me acusam de soberba, e talvez de misantropia, e talvez de loucura. Tais acusações (que castigarei no devido tempo) são irrisórias. É verdade que não saio de minha casa, mas também é verdade que suas portas (cujo número é infinito)[1] estão abertas dia e noite aos homens e também aos animais. Que entre quem quiser. Não encontrará pompas mulheris aqui nem o bizarro aparato dos palácios, mas sim a quietude e a solidão. Por isso mesmo encontrará uma casa como não há outra na face da terra. (Mentem os que declaram existir uma parecida no Egito). Até meus detratores admitem que não há um só móvel na casa. Outra

---

1 O original diz catorze, mas sobram motivos para inferir que, na boca de Astérion, esse adjetivo numeral vale por infinitos.

20 ANTONIO VICENTE MARAFIOTI GARNICA

afirmação ridícula é que eu, Astérion, sou um prisioneiro. Repetirei que não há uma porta fechada, acrescentarei que não existe uma fechadura? Mesmo porque, num entardecer, pisei a rua; se voltei antes da noite, foi pelo temor que me infundiram os rostos da plebe, rostos descoloridos e iguais, como a mão aberta. Já se tinha posto o sol, mas o desvalido pranto de um menino e as rudes preces da grei disseram que me haviam reconhecido. O povo orava, fugia, se prosternava; alguns se encarapitavam no estilóbato do templo dos Machados, outros juntavam pedras. Alguém, creio, ocultou-se no mar. Não em vão foi uma rainha minha mãe; não posso confundir-me com o vulgo, ainda que minha modéstia o queira.

O fato é que sou único. Não me interessa o que um homem possa transmitir a outros homens; como o filósofo, penso que nada é comunicável pela arte da escrita. As enfadonhas e triviais minúcias não encontram espaço em meu espírito, que está capacitado para o grande; jamais guardei a diferença entre uma letra e outra. Certa impaciência generosa não consentiu que eu aprendesse a ler. Às vezes o deploro, porque as noites e os dias são longos.

Claro que não me faltam distrações. Como o carneiro que vai investir, corro pelas galerias de pedra até cair no chão, atordoado. Oculto-me à sombra de uma cisterna ou à volta de um corredor e divirto-me com que me procurem. Há terraços de onde me deixo cair, até me ensangüentar. A qualquer hora posso brincar que estou dormindo, com os olhos fechados e a respiração forte. (Às vezes durmo realmente, às vezes já é outra a cor do dia quando abro os olhos). Mas, de tantas brincadeiras, a que prefiro é a de outro Astérion. Finjo que ele vem visitar-me e que eu lhe mostro a casa. Com grandes reverências, digo-lhe: "Agora voltamos à encruzilhada anterior" ou "Agora desembocamos em outro pátio" ou "Bem dizia eu que te agradaria o pequeno canal" ou "Agora verás uma cisterna que se encheu de areia" ou "Já verás como o porão se bifurca". Às vezes me engano e os dois nos rimos, amavelmente.

Não só criei esses jogos, também meditei sobre a casa. Todas as partes da casa existem muitas vezes, qualquer lugar é outro lugar. Não há uma cisterna, um pátio, um bebedouro, um pesebre; são catorze

A EXPERIÊNCIA DO LABIRINTO **21**

[são infinitos] os pesebres, bebedouros, pátios, cisternas. A casa é do tamanho do mundo; ou melhor, é o mundo. Todavia, à força de andar por pátios com uma cisterna e com poeirentas galerias de pedra cinzenta, alcancei a rua e vi o templo dos Machados e o mar. Não entendi isso até que uma visão da noite me revelou que também são catorze [são infinitos] os mares e os templos. Tudo existe muitas vezes, catorze vezes, mas duas coisas há no mundo que parecem existir uma única vez: em cima, o intrincado sol; embaixo, Astérion. Talvez eu tenha criado as estrelas e o sol e a enorme casa, mas já não me lembro.

Cada nove anos, entram na casa nove homens para que eu os liberte de todo o mal. Ouço seus passos ou sua voz no fundo das galerias de pedra e corro alegremente para procurá-los. A cerimônia dura poucos minutos. Um após outro, caem, sem que eu ensangüente as mãos. Onde caíram, ficam, e os cadáveres ajudam a distinguir uma galeria das outras. Ignoro quem sejam, mas sei que um deles profetizou, na hora da morte, que um dia chegaria meu redentor. Desde esse momento a solidão não me magoa, porque sei que vive meu redentor e que por fim se levantará do pó. Se meu ouvido alcançasse todos os rumores do mundo, eu perceberia seus passos. Oxalá me leve para um lugar com menos galerias e menos portas. Como será meu redentor? – me pergunto. Será um touro ou um homem? Será talvez um touro com cara de homem? Ou será como eu?

O sol da manhã reverberou na espada de bronze. Já não restava qualquer vestígio de sangue.

– Acreditarás, Ariadne? – disse Teseu. – O minotauro mal se defendeu.

Para Marta Mosquera Eastman.

2
ESCRITOS D'*ESCRITOS*
SOBRE MITOS, MONSTROS E PRISÕES
(PERCORRENDO "A CASA DE ASTÉRION")

Hic Finis Doloris Vitae[1]

Lasciate ogni speranza, voi ch'entrate[2]

Uma referência inicial a Apolodoro não é, por certo, elemento desprezível: ao mesmo tempo que denota erudição, retoma temas caros a Borges (como as bibliotecas – dentre as quais a de Babel – e os saberes antigos) e imprime, em caráter inaugural, um tom trágico ao conto.

O nome próprio Astérion nos é desconhecido e, a julgar pelas lições aristotélicas, nome isolado: nem verdadeiro nem falso. Faltam-lhe as referências que permitirão as atribuições de sentido, referências que talvez Borges nos dará aos poucos e cuidadosamente.

"Quanto aos argumentos," – afirma Aristóteles em sua *Poética* – "quer sejam os que já tenham sido tratados, quer o que ele próprio invente, deve o poeta [dispô-los assim em termos gerais] e só depois introduzir os episódios e dar-lhes a conveniente extensão". Para

---

1   "Aqui findam as dores do mundo": inscrição no pórtico de entrada do cemitério do Instituto Lauro de Souza Lima – Bauru (SP).

2   "Abandonai toda esperança, vós que entrais": verso final da inscrição gravada no pórtico do Inferno (Dante, *A divina comédia*, Inferno, Canto III, 10).

24 ANTONIO VICENTE MARAFIOTI GARNICA

alcançar o efeito próprio da tragédia, o trágico em sua plena extensão, é conveniente que os argumentistas, seguindo ainda a *Poética*, valham-se do

> homem que não se distingue muito pela virtude e pela justiça; se cai no infortúnio, tal acontece não porque seja vil e malvado, mas por força de algum erro, e esse homem há de ser algum daqueles que gozam de grande reputação e fortuna, como Édipo e Tiestes ou outros insignes representantes de famílias ilustres. [...] Que assim deve ser, o passado o assinala: outrora se serviam os poetas de qualquer Mito; agora, as melhores Tragédias versam sobre poucas famílias, como sejam as de Alcmêon, Édipo, Orestes, Meleagro, Tiestes, Télefo e quaisquer outros que obraram ou padeceram tremendas coisas.

Essa trama interpretativa nos leva, portanto, a vislumbrar um mito – um mito cujas personagens são de conhecida genealogia. Talvez o leitor do "A casa de Astérion" – que não tenha buscado compreensões por essa via, não terá, nas referências a Apolodoro, a Astérion ou à mãe rainha, em princípio, percebido quaisquer indícios ligados aos mitos. Mas não se lançará, também, a buscar interpretações mais profundas aquele sem indícios prévios. Que sejam os inúmeros estudos sobre Borges esses indícios.

Uma casa ímpar (comparável, talvez, a outra, no Egito) com infinitas portas abertas em sua quietude e solidão. A casa restrita à estrutura, sem móvel algum, nos levará ao labirinto e ao fascínio de Borges pelos labirintos – comparável ao seu fascínio pelos espelhos, pelas bibliotecas, pelo infinito... Labirinto que não se coloca sem um Minotauro em seus incontáveis rodeios. E mortes. E poder. E estranhamento.

> Este é o labirinto de Creta. Este é o labirinto de Creta cujo centro foi o Minotauro. Este é o labirinto de Creta cujo centro foi o Minotauro que Dante imaginou como um touro com cabeça de homem e em cuja rede de pedra perderam-se tantas gerações. Este é o labirinto de Creta cujo centro foi o Minotauro que Dante imaginou como um touro com cabeça de homem e em cuja rede de pedra perderam-se tantas gerações, como

A EXPERIÊNCIA DO LABIRINTO 25

Maria Kodama e eu nos perdemos. Este é o labirinto de Creta cujo centro foi o Minotauro que Dante imaginou como um touro com cabeça de homem e em cuja rede de pedra perderam-se tantas gerações como Maria Kodama e eu nos perdemos naquela manhã e continuamos perdidos no tempo, esse outro labirinto.

(Borges, Atlas)

Minotauro e labirinto interpenetram-se, confundem-se, igualam-se. Não há labirinto sem Minotauro nem Minotauro sem labirinto. Mas a vinculação Minotauro-Astérion o autor só dará a conhecer na frase derradeira do conto, como que para permitir ao leitor a construção das referências, para possibilitar o jogo de esconde-e-revela, o jogo do labirinto que, escondendo o monstro, revela a monstruosidade; revelando a monstruosidade, esconde suas raízes e motivações mais profundas. Jogo semelhante ao que o próprio Minotauro permite consigo e com seu duplo. Astérion nas mãos de Borges é outra coisa: não é mais o minotauro dos mistérios cretenses. Astérion é Borges. Incapaz de sair de si, Borges encontra no outro, na criatura de ficção, a maneira de contar suas eternas obsessões.

Revelasse o Minotauro no princípio do conto, o nome próprio, o nome isolado perder-se-ia. Astérion misterioso, nem falso nem verdadeiro, daria lugar a um Minotauro pleno de juízos, completo em sua genealogia, descrito em sua tragédia de desventura, isolamento e terror: o Minotauro-mito que, segundo Ginzburg, é o conto que já foi contado, um conto que já se conhece. A narrativa mítica, a tragédia de genealogias recorrentes da *Poética* de Aristóteles, teima em desvencilhar-se da lógica formal ainda que, rigorosamente, não a negue:

"Minotauro", o touro de Minos, evoca memórias de estados, tempos e ações que parecem prescindir de explicitações e complementos. O Minotauro é o que é, o que dele a memória afirmou e reafirmou. E um voltar-se às lembranças – que sequer precisam manifestar-se em sentenças afirmativas fechadas como exigido, na lógica formal, dos julgamentos passíveis de valoração-verdade – seria suficiente para tê-lo verdadeiro ou falso, suficientemente completo, descrito, formado.

Temos o teor trágico da narrativa e Astérion – que Borges revelará ser o Minotauro, em seu labirinto-casa, no momento de sua morte por Teseu, ao final do conto (morre o conto quando morto o monstro. Ambas, mortes em moratória?) e sabemos da genealogia real e divina do monstro asilado do mundo.

Minos é rei de Creta. No intrincado jogo para que seu poder seja mantido, Poseidon lhe concede um desejo, fazendo surgir do mar um touro que, exibido, deveria logo ser sacrificado. Decidindo manter vivo o touro, Minos contraria os deuses. Pasífae, sua esposa, entrega-se ao animal em paixão julgada criminosa e dessa união nasce o Minotauro, ser metade homem, metade touro. Minos é filho de Europa (a quem Zeus fecundou transmutado em touro) e Pasífae filha de Hélio, o Sol. Astérion tem, portanto, forma e natureza híbridas: touro/homem, divindade/realeza. Não importa que seja homem com cabeça de touro (para Dante era touro com cabeça de homem). O touro é símbolo do caos – outro elemento caro a Borges. Tem uma natureza hostil, incontrolável. Sua enorme força, por vezes brutal, transforma-o ao mesmo tempo em símbolo de morte e de fecundidade (vida). Sua condição dupla manifesta-se, assim, em diversos níveis. Preso ao labirinto, nega ser prisioneiro. A prisão mais terrível – saberemos com o desenrolar do conto – é o de ser parte de uma engrenagem que ele próprio não controla em sua monstruosidade e realeza.

O monstro que na versão clássica é derrotado por Teseu nega-se, em Borges, a essa submissão. É mais forte que Teseu, pois conhece sua condição de presa do destino e sabe que só com a morte uma redenção – talvez – lhe será possível. Sua natureza divina permite a arrogância: talvez tenha criado as estrelas, o sol, e até mesmo a enorme casa. Quando sai do labirinto, em face da monstruosidade – que só é monstruosa quando percebida pelo outro – vê-se sem lugar no mundo e retorna à casa, não sem magnificência: "filho de reis, não poderá confundir-se com o vulgo". Preso à solidão dos eternos caminhos entre as pedras cinzentas, tem como aliada a soberba: ele e o sol são únicos, sua casa

A EXPERIÊNCIA DO LABIRINTO   27

é única e único o redentor que lhe foi profetizado. Não está perdido na arquitetura sem móveis. Com familiaridade, percorre os cômodos, visita os espaços. Se sempre os reconhece por serem eterna repetição, finge desconhecê-los como parte de jogos que ele próprio inventa enquanto se permite decifrar o universo em que vive e compreender seu próprio destino. A trama labiríntica atua favoravelmente nesse processo de autoconhecimento. Labirinto e Minotauro são idéias que se ancoram, se sustentam mutuamente: mais estranho que um homem com cabeça de touro é uma casa construída para que nela o habitante se perca. No labirinto, Astérion deliberadamente aparta-se em sua diferença e, engrandecendo-a, isola-se. Astérion, ainda que negue, é um prisioneiro. Não um prisioneiro de portas ou trancas, mas um prisioneiro de si, dos grilhões de uma individualidade que não tem salvação. Sua prisão, pois, é a mais trágica e definitiva: perder-se no labirinto do próprio eu. Interpretando o mesmo conto borgiano, afirma Nuñez:

> Viver é percorrer as galerias intermináveis do nosso eu: elas são a matéria e a essência de nossa irredutível individualidade existindo no mundo, nossa mesmidade; elas, as que identificam cada "eu" como um ser radicalmente heterogêneo, diferente, dos demais seres. [...] "a casa é do tamanho do mundo. Melhor dizendo, é o mundo". A construção é, em efeito, seu mundo, está feita sob medida (a dele), à sua imagem e semelhança. É reprodução do universo – labirinto em escala maior.

Há críticos que ressaltam os elementos bíblicos do texto, quer seja na exaltação a Deus – a esperança pela chegada do redentor: "Pois sei que vive meu redentor e que, por fim, se levantará do pó" (Jó, 19:25) – quer seja na autodivinização de Astérion: entram em sua casa nove homens para que ele "os liberte de todo o mal" (Mt, 6:3). Vínculo de mesma natureza encontra-se nos bestiários medievais (nos quais sempre figura o touro). Segundo Faleiros, prefaciando O bestiário de Apollinaire,

> Os bestiários medievais [...] eram um gênero didático que tinha como função explicar de maneira alegórica a criação e o poder de Deus. Não se tratava de livros de história natural; a descrição dos animais era feita para

valorizar a criação divina, para construir uma rede simbólica que tinha como finalidade mostrar ao homem como seu destino estava vinculado à grandeza de Deus.

São muitos os elementos a serem considerados em "A casa de Astérion", e a eles vários críticos literários dedicaram-se. Para Adrián Huici, autor citado por Nuñez, o labirinto constituiria o núcleo temático e formal do conto que, por sua vez, funcionaria como um hipertexto ao mito originário, dado que o leitor poderá ler o mito a partir do conto borgiano. Cristina Grau lê o texto em relação ao "La madriguera", de Kafka, partindo de algo que é comum a ambos: as vozes dos protagonistas em primeira pessoa, humanizando as personagens centrais: são animais que descrevem sua vida, seu espaço e sua relação com o mundo exterior; ambos protegidos e encarcerados em um labirinto a que chamam casa, pensam em termos singulares e permanecem em vigília constante, sentindo a solidão como carga inevitável; ambos sabem-se em situação de impossível saída, cuja única possibilidade de liberdade consistiria na morte contra a qual lutam e que, ao mesmo tempo, esperam. A situação do animal que descreve, do não-humano ao qual são dadas características de humanidade é também ressaltada por Ginzburg, para analisar um procedimento literário, o estranhamento, "como expediente deslegitimador em todos os níveis, político, social, religioso". Ginzburg tem como exemplo o conto de Tolstoi em que os acontecimentos são narrados por um cavalo. Esse estranhamento, segundo Ginzburg, "é um meio para superar as aparências e alcançar uma compreensão mais profunda da realidade [...] um antídoto eficaz contra um risco a que todos nós estaríamos expostos: o de banalizar a realidade (inclusive nós mesmos)".

O conto de Borges, notável também segundo essa perspectiva de estranhamento, não é meramente uma versão borgiana do mito do Minotauro, pois não pode haver uma fonte literária que dê conta exaustiva e verdadeiramente do mito. O mundo move-se entre o humano e o mítico, ao redor do qual giram uma cuidadosa série de referências e variantes introduzidas intencionalmente. O conto é uma reinterpretação – e uma revitalização – da narração mitológica. Segundo

A EXPERIÊNCIA DO LABIRINTO   29

Ferrer, transforma-se em literatura contemporânea pela manipulação intelectual, com o que Borges extrai dimensões novas do mito antigo, dimensões que, embora preexistindo, resultam novas e pessoais. Ao Minotauro é dada a voz principal, embora o texto apresente uma dupla modalização. Grande parte do relato está modalizada em primeira pessoa. É quando Astérion fala sobre si e sobre o (seu?) mundo. Com essa modalização, um elemento a mais de aproximação ao universo do conto-esfínge que exige a decifração das pistas deixadas por Borges com minúcia e precaução. O leitor deve estar constantemente atento ao que Ferrer chama de "a falsificação essencial do narrador" (ao que acrescentaríamos: e do editor), o monstro-narrador. Quem não teve voz nos relatos antigos agora tem a possibilidade de explicar-se e justificar-se. Explicitados esses liames, os acontecimentos narrados prendem-se a um novo código de valores.

Quase ao final do conto de Borges, um branco tipográfico assinala um lapso temporal, momento propício para o leitor preencher as lacunas do discurso que, até agora, as pistas deixadas por Borges possibilitaram. Ao final do relato, o autor passa a uma modalização em terceira pessoa. Nesse último parágrafo – alerta-nos Ferrer –, com a técnica de câmera cinematográfica, o autor oferece um primeiro plano da espada de Teseu e, imediatamente, passa às palavras que este dirige à Ariadne. Por essas palavras ficamos sabendo da morte de Astérion e em que circunstâncias ela ocorreu. Novo estranhamento, portanto, sabermos que o violento monstro nem sequer ofereceu resistência. E esse estranhamento será tão genuíno ao leitor que reconstruiu a trama segundo os indícios – pois esse saberá, nesse momento, que o Minotauro deseja sua própria morte como redenção – quanto ao leitor que apenas percebeu o Minotauro em Astérion e, ao cuidar somente disso, associou-o à trama de sua clássica história e não às intenções de re-significação de Borges.

A referência mitológica, portanto, constrói-se ao mesmo tempo que se desconstrói a referência mitológica clássica, embora permaneça, em ambas, a monstruosa solidão do monstro. Solidão radical a de Astérion. Sua monstruosidade torna-o exilado, ilhado. Toda tentativa de aproximação com seus semelhantes resulta em fracasso:

as pessoas fogem assustadas, tecem-lhe injúrias, maltratam-no. Com isso justificam-se os autores que identificam o personagem à Morte e o labirinto ao Hades.

No epílogo de *O Aleph*, Borges afirma direta e categoricamente: "A uma tela de Watts, pintada em 1896, devo 'A Casa de Astérion' e o caráter do pobre protagonista". O Minotauro de Watts, de semblante triste e em nada feroz, debruça-se num parapeito de pedra, olhando o horizonte como que em busca de algo. Seria esse o único referencial de Borges – emoldurar a figura de Watts em uma narrativa que justificasse seu semblante, que o inserisse numa trama que, como a estranheza causada pela delicadeza da pintura, deslindasse o monstro de sua clássica armadura de violência e terror – ou seriam esses um outro referencial propositalmente tramado para uma trajetória – ainda ela inicial – de significações que intencionalmente fizesse surgir algo mais?

Em 1947, Julio Cortázar – pela primeira vez assinando seu próprio nome – publica *Os reis*, segundo Roitman "um poema dramático de tom clássico e ambição universal [...] um Cortázar pré-cortazariano". O tema central, em Cortázar, ainda sem a força que seus textos posteriores revelarão, parece ser a teia em que se tecem as relações de poder. Mesmo que com tema e recursos literários diferentes dos de Borges, há entre ambos um surpreendente elemento similar: a inversão da versão mítica do Minotauro. Cortázar também recria o monstro. O Teseu – um dos reis enunciados no título (o outro é Minos) – de Cortázar é uma personagem ambígua, propositalmente ambígua, fraca, secundária, tanto mais se comparado ao Minotauro. Teseu é vaidoso como Aquiles hollywoodiano:

Minos: No fundo o matarás pela mesma razão que me faz temer matá-lo. Só os meios mudam, alguma vez haverás de saber isso.

Teseu: Nós nos parecemos menos do que supus.
Minos: O tempo te provará outra coisa.
Teseu: Serás uma sombra. A vingança de Atenas abre caminho para tua garganta, que fervilha com as formigas do perjúrio. Tu o querias vivo? Sua existência sustentava teu poder para além da ilha?
[...]
Minotauro [para Teseu]: Ó cãozinho vaidoso, como tu mesmo estás perto da morte. Não suspeitas que me bastaria uma investida para fazer de tua lâmina um estrépito de bronze quebrado? Tua cintura é um junco entre meus dedos, teu pescoço a bainha delicada de uma vagem.
[...]
Teseu: [...] Os heróis odeiam as palavras!
Minotauro: Exceto as do canto de louvor...

O Minotauro cortazariano, ao contrário daquele do mito clássico, é doce e consciente, com o que se aproxima do de Borges:

Teseu: [...] É temível lá dentro.
Minos: Mais do que fora, de um outro modo, com a sutileza do prestígio. Eu tinha que encerrá-lo, sabes, e ele se vale do fato de que eu tinha que encerrá-lo. Sou seu prisioneiro, a ti posso dizer isso. Ele se deixou levar tão docilmente! Naquela manhã, soube que ia rumo a uma espantosa liberdade, enquanto Cnossos se me transformava nesta dura cela.
[...]
Minotauro [para Teseu]: [...] Aqui eu era espécie e indivíduo, cessava minha monstruosa discrepância. Só volto à dupla condição animal quando me olhas. A sós sou um ser de traçado harmonioso; se decidisse recusar-te a minha morte, travaríamos uma batalha estranha, tu contra o monstro, eu te olhando combater uma imagem que não conheço como minha.

E, surpreendentemente, também como em Borges:

Minotauro [para Teseu]: O que sabes tu sobre a morte, doador de vida profunda. Olha, só há um meio para matar os monstros: aceitá-los. [...] Não compreendes que te estou pedindo que me mates, que te estou pedindo a vida?
Citarista [para o Minotauro, prestes a morrer]: Como não condoer-se? Tu nos encheste de graça nos jardins sem chave, ajudaste-nos a superar

a adolescência temerosa que havíamos trazido para o labirinto. Como dançar agora?

[...]

Citarista: Calem-se, calem-se todos! Não vêem que já morreu? [...] Que rumor se eleva da cidade! Sem dúvida acorrem para ultrajar seu cadáver. Resgatarão a todos nós, voltaremos para Atenas. Era tão triste e tão bom. [...] Somos livres, livres! Ouçam, eles já vêm. Livres! Mas não por sua morte – Quem compreenderá o nosso carinho?

Para o citarista, o jogo entre a liberdade do labirinto e a prisão em Atenas; em Minos, o jogo entre a prisão/liberdade do monstro e sua liberdade/prisão em Cnossos; no monstro, a liberdade em outro registro: a morte. Sempre o jogo de afirmações e negações na recriação do mito. "O libreto é claro", afirma Roitman,

> o Minotauro em vida constitui um perigo permanente. Sua morte, contudo, arrastaria inevitavelmente Minos e Teseu, pois nos mitos – tanto quanto na vida – não se apagam impunemente os ecos e os espelhos; quando isso ocorre, a voz e a imagem que lhes deram origem se esvaziam de conteúdo, perdem nitidez, contraste, definição. Ao aniquilar o "irmão-animal" que intimamente os constitui, os reis devem sacrificar algo de si. [...] Teseu, dispondo-se a sacrificar o monstro, assegura com seu ato a sobrevivência deste, seja no interior de seus próprios pesadelos reais, seja no discurso coletivo.

E é certa a dominação do monstro em sua sobrevivência, monstro que é mais consciente e reflexivo que o Teseu classicamente heroificado:

Minotauro: Chegarei até Ariadne antes que tu. Estarei entre ela e o teu desejo. Erguido como uma lua rubra irei na proa da tua nau. Os homens do porto te aclamarão. Eu descerei para habitar os sonhos de suas noites, de seus filhos, do tempo inevitável da estirpe. Dali chifrarei o teu trono, o cetro inseguro de tua raça... Da minha liberdade final e ubíqua, meu labirinto diminuto e terrível em cada coração de homem.
Teseu: Farei arrastarem teu cadáver pelas ruas, para que o povo abomine a tua imagem.

A EXPERIÊNCIA DO LABIRINTO   33

Minotauro: Quando o último osso tiver se separado da carne, e minha figura se tornado olvido, nascerei de verdade em meu reino incontável. Lá habitarei para sempre, como um irmão ausente e magnífico. Ó residência diáfana do ar! Mar dos cantos, árvore de murmúrio!

Fascinante coincidência na concepção de Borges e Cortázar em relação ao mito do Minotauro não poderia ser explicada a partir da motivação pela tela de Watts. Roitman, considerando a similaridade dos textos, atenta para a escalada do peronismo na Argentina, afirmando que tal coincidência se esclarece

> quando recordamos a ascensão ao poder do Coronel Juan Domingo Perón e a euforia populista que dominou a Argentina naquela segunda metade da década de 1940. Profundamente antiperonistas – Borges por suas tendências políticas elitistas, Cortázar pelas suas, democráticas e esquerdizantes –, ambos os escritores parecem identificar-se com a figura do Minotauro, condenado a viver na reclusão solitária de um frio labirinto. Ambos sentem-se estranhos, patuscos deslocados em meio à febre das massas exaltadas.

Não se trata aqui, porém, de buscar análises genéticas ou procurar por um significante comum a ambos os textos. Interessa-nos ressaltar, tão-somente, a partir das duas obras, a des-heroificação do herói. Ambos os Teseus são secundários, despojados de qualquer glorificação, despidos da condição de herói. Teseus de heroísmo vago. Mesmo o refinamento do epíteto "redentor" que Astérion a ele atribui é relativizado: tal condição não lhe é própria, ele é feito redentor por *moira*, a rede inevitável e cósmica do destino – que a tudo e todos controla, incluindo deuses e heróis – e pelo próprio monstro, que se deixa matar. Que heroificação se mantém quando o próprio objeto que heroifica se oferece sem resistência?

Também a linguagem aparece como tema em ambas as narrativas. O Minotauro de Cortázar, em cena com Teseu, aconselha: "– Deverias golpear com uma fórmula, uma oração: com outra fábula". Estamos todos, nos lembra Roitman, imersos no campo da palavra – sejamos monstros, heróis, reis, escribas ou leitores – "e aqui, o que conta é o jogo dos intercâmbios simbólicos". "Nada é comunicável pela arte da

34 ANTONIO VICENTE MARAFIOTI GARNICA

escrita", afirma o Astérion de Borges. A linguagem é o modo como os humanos, distintos dele, construíram pontes entre si, entre os iguais. Para Ferrer, a citação funda-se no pré-socrático Górgias, para quem a linguagem somente é capaz de transmitir aparências, nunca a verdade. O homem deve aceitar esse limite da linguagem, usando signos em seu valor relativo, pois a outra opção – resignar-se no solipsismo desumano do silêncio – é aceitar uma condenação pior que a morte. O afastamento deliberado da linguagem que Astérion se impõe, obriga-o a ser recluso em sua unicidade, a ser um fragmento asilado no universo de seres. Não só lhe está vedado o contato físico com seus contemporâneos como também, por opção, carece da possibilidade de trato espiritual com a humanidade, posto que descarta a escrita como mediadora. Ele deprecia o que poderia ser sua salvação. Para Brunel, Borges explicita, em *O Aleph*, a associação do touro com o verbo, dando-nos a entender que "somos todos Minotauros encerrados no labirinto da significação, do qual só Deus pode nos libertar. Esse labirinto, extensível ao mundo, é o da linguagem, que leva o homem a enganos consigo próprio pois não solucionou o enigma da animalidade que o move". Por isso, então, a descrença do monstro com relação à escrita?

Ao mesmo tempo, porém, que descredencia a arte da escritura, o próprio Astérion permite-se que ela registre sua natureza, permite que seu depoimento-documento se mantenha. Estranho paradoxo de Astérion, como estranho é o paradoxo da escrita: torna-se espiritualizada, permite que uma variedade de mundos abra-se ao leitor, prescindindo da situação face a face, ao mesmo tempo em que é materializada. Em "A casa de Astérion", o paradoxo fica aparente na nota de rodapé que Borges impõe ao conto (não sem razão, uma – e única – nota de rodapé), permitindo compreender que o texto é oferecido ao leitor como cópia editada de um manuscrito prévio. Seu editor assume-se responsável pela substituição do original "catorze" por "infinito". "Recordemos que catorze sugere o simbolismo mágico dos números e letras da tradição cabalística judia e pitagórica; o 'infinito', ao contrário, se afasta dessa mítica e deriva de um racionalismo de caráter filosófico: a crença na infinitude do espaço e do tempo", anota Ferrer.

O editor, portanto, altera sensivelmente o depoimento registrado de Astérion. Esse pretendeu comunicar suas experiências registrando-as – talvez – em estado nascente, como resultado de uma percepção vivida na geografia do corpo, nas entranhas da mente e nos desvios labirínticos; aquele faz que tais experiências sejam comunicadas racionalmente. Edição, um passo além do que convencionamos, em história oral, chamar transcrição: textualização e, portanto, forma elaborada de interpretação.

As potencialidades do conto não se encerram nas considerações que, na esteira de outros autores, tentamos elaborar até agora. Uma dessas potencialidades – abordar o labirinto, "espaço" emblemático na obra de Borges – pode, ainda, ser encaminhada. Harold Bloom sustenta que os precursores literários de Borges são por ele aproveitados para construir um emblema particular do caos. Refere-se, assim, à imagem do labirinto. Borges tem a capacidade de transformar quase tudo em labirinto: casas, cidades, paisagens, desertos, rios e, sobretudo, idéias e bibliotecas. Voltemos, portanto, à figura do labirinto e às interpretações que, a partir dela, nos são possíveis.

É de Nuñez a interpretação que vincula o labirinto ao panóptico de Bentham, figura arquitetural explorada por Michel Foucault:

> Se o labirinto é em espiral e seu transcurso um percorrer sem fim, sua estrutura geométrica tem a perfeição da estrutura matemática, perfeição exemplar na medida em que introduz a estruturação na desordem aparente – o que a própria idéia de labirinto encerra – assim como a idéia da inevitabilidade última. [...] a idéia de ordem aparece associada à idéia de labirinto: esse universo biblioteca-labirinto, gera a idéia de uma construção hexagonal, uma clausura auto-suficiente que impossibilita qualquer inovação. É a descrição de um cárcere cultural que transforma seus moradores em escravos dos livros e das galerias escuras. [...] A ordenação proposta n'A Biblioteca de Babel é similar à de outro edifício usado para fins comuns: o panóptico. Idealizado como figura arquitetônica, o

36 ANTONIO VICENTE MARAFIOTI GARNICA

panóptico implica a existência de unidades especiais que permitem ver e reconhecer sem ser visto.

A vigilância – como também se dá no panóptico – é exercida pela comunidade em defesa da qual, pretensamente, o monstro foi encarcerado (já afirmamos que, embora o próprio Astérion desminta sua condição de encarcerado ele, efetivamente, o é). Além da vigilância no sentido direto e físico – aquela que exige a configuração de um campo visual específico (os caminhos do labirinto só não são secretos para os que o vêem de cima: Dédalo foi seu construtor), há a vigilância psicológica constante: Astérion sabe-se, sim, prisioneiro. Prisioneiro de si mesmo, ele, o Minotauro-labirinto. Ordenada a desordenação do mundo, também isso figurado no labirinto, o monstro que ali vive – como aquele da pintura de Watts – vê ao longe, analisa possibilidades, percorre galerias a sós ou com fantasiosos outros e duplos. O labirinto pode ser lido como representação sobre o previsível e o imprevisível do mundo, como o rodeio que, feito cautelosa e constantemente, à exaustão, leva à compreensão: só o buscar contínuo leva à perfeição, uma perfeição que, sabemos, dá ao monstro, no conto, superioridade em relação ao Teseu des-heroificado. Acreditar que Astérion não se sabe prisioneiro é, portanto, desconhecer/negligenciar essa superioridade que tanto Borges quanto Cortázar a ele atribuem.

A referência ao labirinto egípcio, feita entre parênteses logo no início da narrativa, funciona como estratagema perfeito para indicar uma conexão inevitável entre aquela construção e a de Cnossos: ambas as referências levam à metáfora antiga. Que saibamos da existência de outros labirintos na Antiguidade – Brunel relata que Diodoro, Estrabão e Plínio falam de labirintos em Samos, Lemnos e Clusium e chegam a afirmar que Dédalo neles se inspirou para a construção do labirinto cretense – é informação secundária. Torna-se mais importante ressaltar, aqui, a figura do labirinto que – ainda segundo Brunel – "nem sempre teve na literatura a presença múltipla que se lhe supõe hoje. Época labiríntica, o século XX vê labirintos até mesmo onde tal idéia se acha inteiramente ausente". Mas, fazendo o labirinto parte do cenário, vem à cena a idéia do tempo circular ou eterno retorno: passado, pre-

A EXPERIÊNCIA DO LABIRINTO 37

sente e futuro identificam-se porque são repetição do mesmo. Assim, não há estranhamento ao sabermos que Astérion tem a sensação de sempre ter existido e, mais ainda, de sentir-se possivelmente criador do existente, firmamento e mundo. Na interpretação de Ferrer, Astérion não é a monstruosidade física, nem os cadáveres sangrentos que a cada nove anos deixa nos corredores de sua casa, nem as ameaças proferidas contra seus detratores.

Astérion é a dor com que vive sua solidão: a ternura com que passa o tempo, imaginando um outro Astérion que o visita e a quem mostra, com orgulho, os cantos da casa, a impaciência comovente com que deseja a chegada de seu redentor. Astérion, artífice do labirinto pessoal no qual vive, condenou a si próprio à multiplicação sem fim, pois o tempo é eterno e tudo se repete tragicamente, não há final como liberação. Retornarão indefinidamente a monstruosidade, a imensa dor, a mesma morte. Se existe o eterno retorno, Astérion é responsável pelo horror de sua condenação definitiva, ser sempre para o sofrimento e para a morte, sem nenhuma redenção possível. Mas Astérion, esquecido da eterna repetição temporal, chega a conceber a morte como salvação. Astérion – que também somos nós – está condenado a repetir seus instantes infinitamente, fadado a repetir, fatalmente, sua vida anterior. O homem – pensa o leitor com desolação – não pode escapar de seu drama porque este, na mecânica precisa do universo, retornará uma e outra vez, mais uma vez, e outra, para sempre.

O eterno retorno – idéia que Nietzsche, especialmente, reavivará e atualizará no século XIX – diz, primordialmente, do homem arcaico. Esse homem primitivo que, segundo Mircea Eliade, será caracterizado por uma recusa à história:

> o homem "primitivo", arcaico, não reconhece qualquer ato que não tenha sido previamente praticado e vivido por outra pessoa, algum outro ser que não tivesse sido um homem. Tudo o que ele faz já foi feito antes. Sua vida representa a incessante repetição de gestos iniciados por outros. [...] Assim, o mundo que nos rodeia [...] tem um arquétipo extraterreno, seja ele concebido como um plano, uma forma, ou pura e simplesmente como uma "cópia", que existe num nível cósmico mais elevado. Mas nem tudo, no mundo que nos envolve, tem um protótipo dessa espécie. Por exemplo,

38 ANTONIO VICENTE MARAFIOTI GARNICA

as regiões desérticas habitadas por monstros, as terras não-cultivadas, os mares desconhecidos para onde os navegadores não se arriscam a ir, não comungam com a cidade da Babilônia, ou com as primitivas províncias egípcias, o privilégio de um protótipo diferenciado. Correspondem a um modelo mítico, sim, mas de natureza diversa: todas essas regiões selvagens, não-cultivadas, têm semelhança com o caos, e ainda assim, participam da modalidade não-diferenciada e disforme da pré-criação.

O labirinto encerra, assim, ao mesmo tempo, a ordenação e o caos míticos, a partir dos quais o homem se explica e explica seu mundo: constrói sua genealogia, fixa-se, dá razão a sua existência. Essa concepção do homem primitivo está na origem dos rituais periódicos, tradicionais, que são repetições do ato primordial de transformação do caos em Cosmo e também na estrutura arquitetônica de templos e monumentos cujos centros estão no âmbito do sagrado.

> o Centro é a zona da realidade absoluta. [...] todos os símbolos da realidade absoluta encontram-se também situados em lugares centrais. A estrada que leva para o centro é um "caminho difícil" e isso pode ser verificado em todos os níveis da realidade: difíceis convoluções de um templo; peregrinações a lugares sagrados; viagens cheias de perigos [...]; desespero dentro de labirintos; dificuldades daquele que procura pelo caminho em direção ao seu *self*, ao "centro de seu ser", e assim por diante.

O estudo de Eliade ajuda-nos a interpretar a casa em que Astérion vive. Também Teseu, qual homem arcaico, realiza seu ritual ao entregar-se à possibilidade de morte no labirinto: ele dança. Também Teseu – como todos os heróis antigos, e também os contemporâneos calcados no modelo mítico – viaja. Mas é Astérion, no conto borgiano, quem percorre as vias sinuosas de sua casa, enfrentando seus mistérios. É Astérion que conhece cada canto, cada grão mineral das rochas que compõem seu universo. É Astérion que se procura e, nessa busca de si próprio, ultrapassa Teseu em sabedoria. Na narrativa clássica, a posição inicial de Teseu é inferior (ele pertence ao escalão mais fraco – o dos mancebos atenienses oferecidos em sacrifício ritual), mas acaba superando sua posição secundária revertendo o processo de domínio

A EXPERIÊNCIA DO LABIRINTO **39**

ao destruir o poder de Minos, destruindo seu principal instrumento de terror sobre o povo ateniense. O Teseu clássico não somente vence o monstro, como, graças ao fio de Ariadne, vence a casa monstruosa onde ele mora, vence o caos.

Em Borges, o Minotauro – recortado da narrativa clássica – sabe de seu lugar sagrado, das impossibilidades do mundo e, entregando-se ao seu redentor, sacraliza-se: Astérion sabe-se vitimado por um princípio divino, sabe-se joguete do destino. A vitória aparente de Teseu é a vitória real e definitiva de Astérion: ser morto para dar fim a seu suplício, aceitando a possibilidade de um tipo de redenção em outro espaço ou nível simbólico. Teseu, ao contrário, pensa-se vencedor e ignora que só ocupa um lugar a mais numa trama cujo desenrolar ignora. Astérion, afirma Nuñez, sabe existirem outros labirintos além daquele construído por Dédalo; sabe que são vãs as tentativas de fugir, pois está preso a um labirinto mais cósmico e mais geral; sabe que na cadeia de dominações cada escalão se crê superior e dominador dos inferiores, quando, na realidade, cada degrau é parte de uma cadeia maior, um projeto do universo.

São emblemáticos, nesse contexto, o sol e as estrelas que Astérion, talvez, tenha criado. O ritmo marcado pelo movimento da orbe celeste – as portas do labirinto abertas "dia e noite"; sua saída, "num entardecer", quando "já se tinha posto o sol"; a "visão da noite"; o "intrincado sol" que abaixo só encontra Astérion; o "sol da manhã" que reverbera na espada de Teseu – dão ao conto mais do que um simples jogo de sombras e luminosidade: realçam uma repetição cíclica do que já existiu antes, o eterno retorno do qual Mircea Eliade tratará tendo como fundo o ciclo da lua:

o ritmo lunar não só revela curtos intervalos (semana, mês), mas também serve como arquétipo para durações mais prolongadas; na verdade, o "nascimento" de uma humanidade, seu crescimento, decrepitude e desaparecimento assemelham-se ao ciclo lunar. E essa semelhança é importante não apenas por nos mostrar a estrutura "lunar" da transformação Universal, mas também por causa de suas conseqüências otimistas: porque, do mesmo modo que o desaparecimento da lua nunca é final, em

40 ANTONIO VICENTE MARAFIOTI GARNICA

virtude de seguir-se, necessariamente, de uma nova lua, o desaparecimento do homem tampouco é final: em particular, nem o desaparecimento de toda humanidade [...] jamais é total, pois uma nova humanidade renasce [...]. Na "perspectiva lunar", a morte do indivíduo e a morte periódica da humanidade são necessárias, assim como são necessários os três dias de escuridão que precedem o "renascimento" da lua. [...] Seja qual for a forma, pelo simples fato de existir como tal e de permanecer, ela [a vida] perde o vigor e se torna desgastada. Para recuperar o vigor, precisa ser reabsorvida pelo âmbito disforme [...]; precisa ser restaurada à unidade primordial de onde teve origem; em outras palavras, deve retornar ao "caos" (no plano cósmico), à orgia (no plano social), à "escuridão" (para a semente) [...].

A concepção cíclica do desaparecimento/reaparecimento é também preservada nas culturas históricas e chega até ao mundo contemporâneo que ainda mantém seus rituais de fim e começo (do ano, das colheitas). Esses pálidos sobreviventes dos rituais originais são tentativas de abolição da história, um saudosismo – racionalmente inútil – do paraíso dos arquétipos que, no homem primitivo, ocultava a irreversibilidade dos acontecimentos.

Nietzsche retomará o tema do eterno retorno em um dos aforismos do *A gaia ciência*, texto do início da década de 1880, e a ele voltará em escritos posteriores, como no *Assim falava Zaratustra* e no inacabado *A vontade de potência*.

E se um dia ou uma noite um demônio se esgueirasse em tua mais solitária solidão e te dissesse: "Esta vida, assim como tu a vives agora e como a viveste, terás de vivê-la ainda uma vez e ainda inúmeras vezes; e não haverá nela nada de novo, cada dor e cada prazer e cada pensamento e suspiro e tudo o que há de indizivelmente pequeno e de grande em tua vida há de te retornar, e tudo na mesma ordem e seqüência – e do mesmo modo esta aranha e este luar entre as árvores, e do mesmo modo este instante e eu próprio. A eterna ampulheta da existência será sempre virada outra vez – e tu com ela, poeirinha da poeira!" – Não te lançarias ao chão e rangeria os dentes e amaldiçoarias o demônio que te falasse assim? Ou viveste alguma vez um instante descomunal, em que lhe responderias: "Tu és um deus, e nunca ouvi nada mais divino!" Se este pensamento

A EXPERIÊNCIA DO LABIRINTO 41

adquirisse poder sobre ti, assim como tu és, ele te transformaria e talvez te triturasse; a pergunta, diante de tudo e de cada coisa: "Quero isto ainda uma vez e ainda inúmeras vezes?" pesaria como o mais pesado dos pesos sobre teu agir! Ou então, como terias de ficar de bem contigo mesmo e com a vida para não desejar nada mais do que esta última, eterna confirmação e chancela? (Aforismo 341)

Nietzsche propõe-nos um experimento moral. Responder "sim" à tentação demoníaca é aceitar reviver eternamente cada momento em seus desdobramentos passados (os que tornaram possíveis as experiências) e futuros (das experiências que foram desencadeadas). É aceitar que reviver uma única parcela de nossa existência implicará a concordância em reviver toda nossa existência. Um querer livre de exceções, um "amor ao destino" que configuraria, por sua vez, uma total reformulação nos valores morais que nos situaria além da cisão comumente imposta entre o bem e o mal. Nietzsche, portanto, vale-se do eterno retorno como parte de uma genealogia da moral que redimensionaria as noções de bem e mal, como nos explica Ferez e Chauí na abertura de *Obras incompletas*:

> em lugar do desespero de uma vida para a qual tudo se tornou vão, o homem descobre no eterno retorno a plenitude de uma existência ritmada pela alternância da criação e da destruição, da alegria e do sofrimento, do bem e do mal. O eterno retorno, e apenas ele, oferece, diz Nietzsche, uma "saída fora da mentira de dois mil anos", e a transmutação dos valores traz consigo o novo homem que se situa além do próprio homem.

Além do homem e além do herói, o Astérion de Borges reconhece seus limites e possibilidades e, aceitando a redenção da qual Teseu é o instrumento, nega a bondade, a objetividade, a humildade, a piedade e o amor ao próximo como valores superiores; afirmando, em vez disso, o orgulho, o risco, a personalidade criadora, o amor ao distante.

Orgulho, criação, amor à miragem são características também de Sísifo, o herói absurdo de Camus que, embora distinguindo-se de Astérion tanto pela genealogia quanto pela negação da morte, mantém com ele fortes laços:

42 ANTONIO VICENTE MARAFIOTI GARNICA

Os deuses tinham condenado Sísifo a rolar um rochedo incessantemente até o cimo de uma montanha, de onde a pedra caía de novo por seu próprio peso. Eles tinham pensado, com suas razões, que não existe punição mais terrível que o trabalho inútil e sem esperança. [...] Sísifo é o herói absurdo. Ele o é tanto por suas paixões como por seu tormento. O desprezo pelos deuses, o ódio à Morte e a paixão pela vida lhe valeram esse suplício indescritível em que todo o ser se ocupa em não completar nada. É o preço a pagar pelas paixões desse mundo. Nada nos foi dito de Sísifo nos infernos. Os mitos são feitos para que a imaginação os anime. Neste caso, vê-se apenas todo o esforço de um corpo estirado para levantar a pedra enorme, rolá-la e fazê-la subir uma encosta, tarefa cem vezes recomeçada. Vê-se o rosto crispado, a face colada à pedra, o socorro de uma espádua que recebe a massa recoberta de barro, e de um pé que a escora, a repetição na base do braço, a segurança toda humana de duas mãos cheias de terra. Ao final desse esforço imenso, medido pelo espaço sem céu e pelo tempo sem profundidade, o objetivo é atingido. Sísifo, então, vê a pedra desabar em alguns instantes para esse mundo inferior de onde será preciso reerguê-la até os cimos. E desce de novo para a planície.

É durante esse retorno, essa pausa, que Sísifo me interessa. Um rosto que pena, assim tão perto das pedras, já é ele próprio pedra! Vejo esse homem redescer, com o passo pesado mas igual, para o tormento cujo fim não conhecerá. Essa hora que é como uma respiração e que ressurge tão certamente quanto sua infelicidade, essa hora é aquela da consciência. A cada um desses momentos, em que ele deixa os cimos e se afunda pouco a pouco no covil dos deuses, ele é superior ao seu destino. É mais forte que seu rochedo.

Se esse mito é trágico, é que seu herói é consciente. Onde estaria, de fato, a sua pena, se a cada passo o sustentasse a esperança de ser bem-sucedido? O operário de hoje trabalha todos os dias de sua vida nas mesmas tarefas e esse destino não é menos absurdo. Mas ele só é trágico nos raros momentos em que se torna consciente. Sísifo, proletário dos deuses, impotente e revoltado, conhece toda a extensão de sua condição miserável: é nela que ele pensa enquanto desce. A lucidez que deveria produzir seu tormento consome, com a mesma força, sua vitória. Não existe destino que não se supere pelo desprezo. [...]

Deixo Sísifo no sopé da montanha! Sempre se reencontra seu fardo. Mas Sísifo ensina a fidelidade superior que nega os deuses e levanta os rochedos. Ele também acha que tudo está bem. Este universo doravante sem senhor não lhe parece nem estéril nem fútil. Cada um dos grãos dessa pedra, cada clarão mineral dessa montanha cheia de noite, só para ele forma um mundo. A própria luta em direção aos cimos é suficiente para preencher um coração humano. É preciso imaginar Sísifo feliz.

Em sua obra, Borges vale-se de fragmentos, citações ou formas imaginárias de autores conhecidos, de si mesmo e de autores fictícios. São usuais em Borges as citações recorrentes. Nada é novo, a literatura é um eterno recontar. O mistério da criação poética: a obrigação de repetir histórias eternas transformando-as, para cada leitor, em uma revelação nova.

E são várias (são catorze?) as possibilidades de se adentrar o conto, de conhecer Astérion, de percorrer as galerias de seu labirinto. Aqui, pisando um território que não é nosso, tentamos aproximações a partir de estudos de críticos literários que se debruçaram sobre o tema: aventura de cruzar, ainda que tímida e cautelosamente, portões da diferença, desenrolando o fio que nos foi possível desenrolar.

Aprendemos com Borges. "Toda literatura é plágio", afirmava Thomas de Quincey, com quem Borges parece concordar. Sua literatura constantemente manifesta que ele é conseqüência de outros que lhe antecederam, de outros que com ele convivem, para outros que o seguirão. Borges – afirma Nuñez – está sempre nos alertando de que nada é origem. Talvez também a História Universal seja a repetição de algumas histórias essenciais. Talvez a História Universal seja a história das diversas entonações de algumas poucas metáforas.

3
FILHOS DE ASTÉRION

"Na verdade, ao ouvir os gritos de alegria que vinham da cidade, Rieux lembrava-se de que esta alegria estava sempre ameaçada. Porque ele sabia o que esta multidão eufórica ignorava e se pode ler nos livros: o bacilo da peste não morre nem desaparece nunca, pode ficar dezenas de anos adormecido nos móveis e na roupa, espera pacientemente nos quartos, nos porões, nos baús, nos lenços e na papelada. E sabia, também, que viria talvez o dia em que, para desgraça e ensinamento dos homens, a peste acordaria os seus ratos e os mandaria morrer numa cidade feliz."
(Albert Camus, A peste, 1947)

Eu me chamo Nivaldo Mercúrio, sou da cidade de Itápolis. Nasci em 11 de junho de 1927. Rodolfo Mercúrio era meu pai; Rosalina Denadai Mercúrio minha mãe. Nasci na fazenda Amoreira... a fazenda, um mar da Espanha (ou coisa assim). Tudo muito bom, muito divertido, muito confortável a fazenda do meu avô, Luiz Mercúrio, pai do meu pai. Bastante conforto. Umas sessenta famílias se abrigavam lá. Muitos mil pés de café, muitos alqueires de cana. Tinha fábrica de açúcar (que era produzido ali mesmo para todo o pessoal que vivia ali na fazenda), uma fábrica de aguardente, muito gado. Era grande a fazenda... (é para contar tudo isso?), muito grande... tinha umas quinhentas cabeças de criação... Passei a infância ali. Boiada de carro, muitos animais, dois engenhos, moagem de cana... Meus avós vieram da Itália. Meu avô comprou fazenda em Ocauçu (onde nasceu minha mãe), perto de Marília, no caminho para Ourinhos. Depois vendeu. Vendeu porque ali era plantação de café, e, nesse tempo de junho, dava muita geada, queimava a lavoura. Então ele vendeu lá e comprou aqui em Itápolis. O avô cuidava, administrava, meus pais e meus tios também trabalhavam. Meus tios, irmãos e irmãs do meu pai, eram nove ou dez. Formou café, canavial... formou a fazenda, o pasto, a criação, essas coisas todas. Todo sábado tinha o terço, brincadeiras, muitas coisas para comer (na fazenda se fazia queijo, requeijão, pão caseiro... servia na peneira). Muito bom, muito divertido... Ali era muito divertido.

Seu Nivaldo Mercúrio à porta do Museu (antigo Cassino e Salão de Festas) do Instituto Lauro de Souza Lima. 2004.

Passei a infância na fazenda. Fiquei lá até a idade de dezessete anos. Quando eu estava completando dezessete anos (faltava acho que sete ou oito dias para completar dezessete anos), eu precisei vir me internar aqui, no Asilo Colônia Aymorés.

A EXPERIÊNCIA DO LABIRINTO 47

Quando eu tinha seis anos (minha mãe estava com 27), em 1935, minha mãe foi denunciada: ela estava doente. Denunciaram que ela estava doente e ela veio se internar aqui. Faleceu com 32 anos de idade, em 1940. Viveu aqui por cinco anos. A única medicação era o chalmugra, não tinha outra. Como ela estava com a doença bem avançada (a hanseníase) ela não teve como reagir, não teve melhora.

Perceberam que ela estava doente porque tinha um hospital, um asilo também, igual a esse daqui (esse, naquela época, era chamado Asilo Aymorés), o Cocaes, lá em Casa Branca, na divisa de Minas, perto de Mococa (agora o Cocaes está desativado, já não é mais para tratamento da hanseníase). Acontece que tenho dois tios que eram casados com duas tias da mesma família, e o sogro desses dois tios morava perto desse hospital, lá em Mococa, em Casa Branca. Como ele conhecia a doença, quando ele chegou na fazenda (meu avô ajustou ele para trabalhar, ele veio de mudança), vendo minha mãe, falou pro meu avô que minha mãe precisava internar, que ela estava com lepra (chamava lepra). Foi aí que descobriram que ela tinha a doença. Daí um médico de São Carlos foi lá na fazenda, fez os exames nela, constatou que ela estava com hanseníase e que precisava internar (como de fato ocorreu).

Naquela época a internação era compulsória. Os camburões iam buscar, tinha que vir na marra. Então foram lá buscar ela. O pessoal do Departamento de Profilaxia da Lepra (DPL) tirou ela de dentro de casa, puseram gasolina na casa e queimaram com tudo que tinha dentro, sem tirar uma só peça de roupa (achavam que se ficasse alguma coisa ali ia transmitir a doença para outras pessoas). Daí nós, os quatro irmãos, fomos morar com meu avô, minha avó e minhas tias, na mesma fazenda, numa casa pertinho da casa que eu morava com meu pai e minha mãe.

Quando eu já estava com seis anos, completando seis anos, apareceu uma mancha no meu braço direito, mancha seca, branquicenta... mancha seca, não transpira... Um dia eu machuquei ali e não senti, só vi quando o sangue já estava escorrendo. Mordia, furava, e não sentia. Falei para minha tia Amábile, irmã do meu pai, a caçula: "Tia, tô com a mesma doença da mãe". Ela falou: "Ah, não, pára com isso. É que você viu o que aconteceu com sua mãe, com o sofrimento de sua mãe, o fogo na casa, tudo isso, e então você tá com esse trauma, essa

48 ANTONIO VICENTE MARAFIOTI GARNICA

impressão". – "Não, tia, tô sim..." – "Por quê?" – "A mãe também machucava e não sentia onde machucava... eu machuquei aqui, tô machucado e não sinto..."

A gente era tudo molecada, criança, e eu falava pros meus primos: "Deixa eu morder seu braço, depois você morde o meu...", eu mordia, ele gritava de dor. Aí ele mordia, furava e eu: – "Não sinto nada...". Por essas coisas é que eu sabia que estava com a doença, com a lepra, já na idade de seis anos.

Depois disso, passou mais nove anos. Então eu fui procurar o dr. Moacir Porto em Araraquara, um médico muito bacana, atencioso, muito bom (inclusive, o dr. Moacir Porto ia sempre passear numa fazenda muito grande que era divisa com a fazenda do meu avô). Ele faleceu recentemente, com 88 anos... Ele disse para mim: – "É, você tem mesmo lepra..." (porque era chamado lepra). Falou que ia me tratar escondido porque se alguém soubesse que ele estava me tratando, ele perderia o diploma... – "E eu não quero que você vá lá onde sua mãe está internada porque lá é um asilo, as pessoas ficam asiladas, não podem sair de lá, você não vai poder vir aqui na fazenda, não vai poder sair para nada, para nada" – ele disse. – "Hoje é 23 de março de 1943 (eu com quinze anos... 23 de março de 1943). Vou fazer o tratamento, mas se der positivo você precisa se internar". Eu estava ainda com os exames negativos... Minha tia dizia: – "Não fala pra ninguém, esconde isso, não fala pra ninguém, porque se souberem ninguém vem nem conversar mais com a gente, nem de longe". Mesmo o dr. Moacir Porto: – "Não fala para ninguém, eu estou te tratando aqui porque é difícil para viver com isso, no meio da sociedade... então é bom ninguém saber".

Comecei com quinze anos a fazer o tratamento com chalmugra. Quando completei dezessete, no mês de maio, no final do mês de maio (dali alguns dias eu completei 17 anos), eu já estava aqui. Me internei em 28 de maio de 1945... faz sessenta anos que estou aqui...

Mas antes disso, também em minha irmã Augusta a doença apareceu. Em minha mãe foi em 35, em 36 apareceu na minha irmã. Ela veio para cá se internar, ficou uns tempos aqui com minha mãe. Depois minha mãe faleceu. O dr. Lauro de Souza Lima era do Hospital Padre Bento, em Guarulhos, e sempre fazia supervisão, corria

A EXPERIÊNCIA DO LABIRINTO 49

todos os hospitais para ver as crianças que estavam internadas sem as famílias. Vendo minha irmã, pediu para o dr. Enéas de Carvalho Aguiar para levar ela para Padre Bento, porque o hospital lá (embora também fosse hospital para o tratamento da lepra) era diferente dos outros: muito confortável, outra disciplina, liberdade para conversar com o diretor, que sempre estava no meio das crianças... não era igual aqui. Minha irmã, então, se internou aos quatro, cinco anos. Em 45, quando eu internei aqui, ela ficou sabendo e pediu transferência. Ela chegou já estava mocinha. Se casou aqui. Infelizmente o câncer matou minha irmã, não a hanseníase. Fosse a hanseníase ela estava viva até hoje. Ela se casou aqui no Asilo Colônia Aymorés. Ele era dono de um cartório em Pindamonhangaba. Casou bem nova. Tive contato com ela por muito tempo. Mesmo depois que ela pegou alta e ela e o marido foram-se embora para Pindamonhangaba, eu ia sempre lá visitar.

Quatro irmãos. Dois homens e duas mulheres. O irmão, o caçula, ainda está vivo. A gente ainda tem um sítio lá em Itápolis (eu vou lá sempre... agora sexta-feira eu vou pra lá de novo). A outra irmã minha, Isabel, a mais velha (depois vinha a Augusta), morreu tá fazendo um ano, mais ou menos. Morava em Nova Odessa. Problema dos rins, hemodiálise... sofreu muito. Faleceu com 75 anos. Eu agora sou o mais velho, com 77.

Quando minha mãe veio para se internar, meus tios, meu pai, meus avós, muitos amigos vinham visitar ela. Vinha e ficava no parlatório... mas só que ficava no outro lado. Tinha uma laje lá, de concreto, bem alta e larga, para ficar distante, para não poder dar a mão nem nada. Mesmo assim o pessoal vinha. A minha mãe internou em 35, minha irmã em 36. Quando foi em 1937, o meu pai, meu avô, uma senhora muito amiga da família e minha tia (a tia que cuidou de nós quando minha mãe veio internar para cá), viemos visitar ela. Em 1937... Não tinha ônibus, viemos de carro, táxi (acho que era da Ford, muito antigo, muito apertadinho). Cento e vinte cruzeiros (o cruzeiro do Getúlio Vargas). Quatro adultos e nós, as crianças. Cabia tudo num carro. Daqui a Itápolis é só 130 quilômetros, mas acho que gastou umas três horas e meia... ou mais. No Tietê não tinha ponte: tinha balsa com aquele cabo de aço esticado duma barranca na outra. A carretilha e a onda da

50 ANTONIO VICENTE MARAFIOTI GARNICA

água do Tietê é que tocavam a balsa. Demorava... até chegar lá do outro lado, até atravessar ali, se gastava uma hora... ia muito devagar. Eu queria ser motorista quando crescesse. Outras crianças não: queriam ser peão, montar em burro bravo, em animal, rodeio. Quando colhia o café, a safra de açúcar, a gente via o caminhão ir buscar e eu ficava apaixonado para andar no caminhão. Na fazenda só tinha um caminhãozinho. Na direção tinha dois ferros que a gente puxava (não sei o que era aquilo lá, se era para mudar marcha, sei lá...). Um Ford muito antigo. Na frente dois faróis pendurados numa barra de ferro (não sei se era de duas ou três marchas com a ré)... então a gente (eu e meus primos), de tarde, ia lá no caminhão e ficava a tarde inteira brincando... muita criação de porco, ovelha, os cabritos... muita criação...

Bom, quando meu exame deu positivo, precisei vir para cá me internar no asilo que, naquela época, era o Asilo Aymorés. Vim de trem porque de outro modo era muito difícil. Peguei aquele trem a fogo (a maria-fumaça) que queimava tudo a roupa da gente, soltava faísca... Saí de Itápolis às 8h30 da manhã. Vim até Tabatinga (uns 20 quilômetros longe de Itápolis) e ali fez a baldeação de Tabatinga até Araraquara. Em Araraquara, outra baldeação até Itirapina. De Itirapina vim descer na estação Aymorés (ali atrás da Coca-Cola tinha a estação Aymorés). Também de trem era muito difícil viajar: foi um dia e uma noite. Cheguei aqui era umas 7 horas da manhã... um dia e uma noite porque tinha que ficar nas estações esperando o trem que vinha de São Paulo.

Meu caso foi diferente do da minha mãe: eu mesmo decidi vir. Foi o dr. Moacir Porto que fez todos os papéis para me internar em 45 (ele era de Araraquara). Mesmo naquela época, com a discriminação, o preconceito, ele tratava muito bem os pacientes... muito bem... Chegamos aqui na estação Aymorés (o meu pai veio me trazer até aqui, meu pai veio junto) umas sete horas. Chegamos no parlatório, naquele arco ali na entrada, e o vigilante me levou até a clínica do dr. Edemétrio. Ali eu fiz o prontuário.

Meu pai ficou do outro lado, não podia entrar: só os pacientes mesmo que entravam pra cá, era proibido, era uma lei: – "Gente de saúde aqui não entrava, só os pacientes". Fiz o prontuário e voltei lá no parlatório para despedir do meu pai. Morei na fazenda com ele por dezessete anos... fui despedir do meu pai, fui dar a mão pro meu pai, dei a volta por outro lugar (porque tinha aquela laje tão alta que eu não alcançava a mão)... me impediram. Me impediram de me despedir do meu pai. Diziam: – "Você internou, já é internado, não pode se comunicar com as pessoas sadias porque vai passar a doença". – "Eu vivi com ele dezessete anos e ele nunca pegou a doença, hoje é que ia pegar?"

Comecei o tratamento aqui, com o chalmugra (tem um pé de chalmugra aí... a fruta que é que nem uma goiaba, depois a gente filma). Com o chalmugra fazia a medicação, aplicada em ampola de 5 cc, no braço. Mas não resolvia nada... Essa fruta é muito comum na África e na Índia (não aqui no Brasil). A semente dessa fruta é oleada. O medicamento é feito extraindo esse óleo, em ampolas, e aplicando no braço, no músculo... é muito doído. Eu fazia infiltração onde estava aquela mancha, na pele. Fazia infiltração para ver se voltava a sensibilidade ou, quando não, para ver se desaparecia a mancha. Mas não acontecia nada disso, não dava resultado nenhum. Saía gente daqui, de alta, porque a diabete também deixa partes anestesiadas (todos que tinham parte anestesiada naquela época eles achavam que eram leprosos, mas às vezes era diabete). Eles ficavam aqui, usavam essa medicação às vezes um ano, um ano e meio, e o exame negativo, sempre negativo... Aí recebia alta e ia embora... e achavam que o chalmugra curava. Achavam que curava virchowiana, determinada, maculose, mas não curava nada disso. É que havia pessoas diabéticas, com alguma parte anestesiada e não dava positivo para hanseníase...

Chalmugra, mostrando frutos na árvore e dois frutos já colhidos (um inteiro, outro aberto). 2004.

Eu tomei chalmugra por cinco anos. Eu falava para o dr. Edemétrio: – "Tô tomando esse chalmugra esse tempo todo, de 43 a 45, e não me curou, não resolveu... o senhor vai me dar esse mesmo medicamento outra vez?". E ele me disse: – "Infelizmente a gente não tem como dar um outro medicamento porque não tem ainda... mas tá pra chegar um novo aí". Com o passar do tempo é que veio a Diazona, da Itália, em comprimidos, e o Promid (não me lembro onde era fabricado, acho que nos Estados Unidos), ampolas de 12 cc na veia.

Quem começou a tomar o novo medicamento foram um senhor por nome João (que tinha uma fazenda em Avaré) e outro por nome Antônio (com fazenda em Barretos), porque tinham dinheiro para comprar (1.200 cruzeiros – daquelas notas de mil cruzeiros – por doze ampolas). Isso em 1947, quando começou a chegar esse medicamento. Todo mundo também queria essa medicação para tomar, mas não tinha como...

A gente não era eleitor, não tinha título de eleitor. Um dia, alguns pacientes mais conhecidos, advogados, disseram: – "A gente precisava arrumar umas pessoas que ajudassem a gente para liberar essa medicação". Foi quando se candidataram a dona Conceição da Costa Neves (eu nunca vi, mas ouvia falar... diz que era artista de teatro... defendia os hansenianos, enfrentava qualquer situação... tem até uma fotografia dela aqui...), o Ulisses Guimarães, o Tancredo Neves e o Manoel da Nóbrega (dois deputados federais e dois estaduais). Eles se candidataram e, um pouco antes da eleição, tiraram o título para nós, deram a liberdade para a gente votar para eles... e nós votamos, para os quatro. E esses quatro foram eleitos, porque tinha muitos doentes, de todos os hospitais, e as famílias de todos esses doentes também votaram neles para ajudar a gente a ganhar essa medicação. Com muito custo eles foram eleitos e nós começamos a receber a sulfona: o Promid e a Diazona.

Quando a gente ia votar, a urna ficava aqui. A gente votava, punha os votos na urna, contava os votos aqui mesmo e passava só o total para Bauru, porque nem a urna podia sair daqui para ir para Bauru e ser contada lá... Tinha até uma estufa para passar dinheiro, cartas... Quando a gente se internava aqui, diziam: – "Você escreve sua carta

A EXPERIÊNCIA DO LABIRINTO 53

mas não pode fechar a carta. Precisa levar no parlatório. Ali tem uma pessoa, um vigilante. Ele vai ler a carta, vai ver se está correta para seguir viagem e então fechar a carta". Punha duas horas no formol, na estufa (não sei o que fazia) para esterilizar os papéis para seguir viagem. Achavam que até o papel, se saísse daqui para fora, passava a doença para outras pessoas...

A vida aqui na colônia, o Asilo Colônia Aymorés, quando eu cheguei, era muito difícil. A gente chegava aqui, ficava asilado. Não podia sair, não podia. Uma vez meu avô ficou muito doente (eu já estava internado aqui), e eu queria ir em Itápolis. Nessa época, o diretor aqui era o dr. Murillo. Eu pedia licença e não conseguia... ninguém conseguia sair com licença. Como eu via o pessoal fugir para ir para casa, eu falei: – "Eu também vou fugir, quero ver meu avô". Então, num dia de cinema ou baile (não lembro), todo mundo estava aqui (no salão do clube). – "Ah, hoje eu vou fugir". Então eu saí (acho que era umas 9 horas da noite, ou era mais cedo... o trem – acho – saía lá de Bauru não sei se era às 8 horas da noite), saí e fui na estação de Guaianás. Fui a pé, no meio do mato. Dava medo, era um mato muito deserto, mas eu conhecia bem o trilho porque às vezes a gente fugia daqui durante o dia e ia, escondido, em Guaianás. Fugi e fui. Como eu trabalhava aqui (era protético... taí ainda o aparelho de dentista), não brigava, não bebia, jogava futebol... fiquei na cadeia só cinco dias. Tinha uma cadeia aqui mesmo. Eu fiquei só cinco dias, mas quem fugia, era ruim ou respondia muito pro médico, pro diretor, esse pegava trinta dias de cadeia... sessenta dias para a segunda fuga e ia dobrando.

Tinha muita diversão aqui. Tinha baile (os próprios pacientes eram os músicos), baile do carnaval, teatro, cinema. Tinha até rádio: Rádio Comunitária do Asilo Colônia Aymorés. Montamos a rádio aqui em 1946. Tinha também um barzinho, fábrica de sorvete, mesa de bilhar (a gente fazia campeonatos), o campo de futebol (com campeonato entre os cinco hospitais... todo ano se fazia o campeonato). Aqui era muito triste, mas também era muito divertido. Triste porque a gente chegava aqui, o diretor, o médico, falavam: – "Você está no Asilo Colônia Aymorés, não pode sair daqui, precisa viver aqui, fazer seu tratamento, ser exemplar, bom paciente, arrumar um serviço para trabalhar".

54 ANTONIO VICENTE MARAFIOTI GARNICA

Quando eu cheguei aqui, fui trabalhar na oficina da carpintaria, na marcenaria. Depois, como eram os próprios doentes os profissionais, foram me buscar para trabalhar de protético. Quando cheguei, vi todos aqueles 1.900 pacientes (quem não tinha condições de trabalhar não trabalhava, mas os que tinham condições trabalhavam. Dos 1.900 acho que tinha uns 1.300 que trabalhavam, umas 1.300 pessoas que trabalhavam). Cheguei, fiquei passeando por aqui. Tinha inclusive gente lá de Itápolis internado aqui (eu nem sabia, e era um rapaz que foi criado lá na fazenda também). Tinha também um outro senhor, de uma outra fazenda um pouquinho mais longe. Também estava aqui. A gente conhecia todas as famílias de lá... Esse homem me procurou, eu fui até na casa dele (ele morava ali na Rua São Paulo, perto do campo... já demoliram aquelas casas...). Conversamos bastante e ele me contou do trabalho. A gente era contratado pelo Fundo de Laborterapia. Trabalhava e recebia uma gratificação. Aí eu comecei a trabalhar. Estavam começando a fazer o calçamento de paralelepípedo logo ali embaixo, perto do campo. Eu vi aquelas pessoas que não tinham condições de pegar os paralelepípedos com as mãos, gente com problema nos pés (mal perfurante). Eu fiquei olhando e falei: – "Ah, eu vou trabalhar é aqui mesmo, quero nem saber... vou fazer calçamento". E ali eu comecei. Minha mão era sadia, boa mesmo. Eu pegava dois paralelepípedos de uma vez só, levava e voltava... os pés bons (dezessete anos...). Aí chega o encarregado: – "Ué, o que ele tá fazendo aqui?". Ele ficou olhando, a gente estava conversando, e então ele me incluiu na folha da Laborterapia. Fiquei ganhando não lembro se foram 40 ou 50 cruzeiros por mês (porque naquela época era o cruzeiro). Encarregado ganhava 80, 90. Fiquei tempo trabalhando ali, mas depois precisaram de gente lá na outra oficina, na carpintaria, e me transferiram para lá. Eu ainda tinha a mão boa (hoje eu não consigo nem pegar aqueles pregos com a mão, porque eu não tenho sensibilidade, não percebo). Eu fui, trabalhei um tempo lá e eles disseram: – "Ah, vamos buscar ele para trabalhar como protético...". Protético! E aí comecei a trabalhar como protético. A gente mesmo fazia toda a função aqui. Não se tinha diploma, não tinha nada, mas fazia extração de dente, obturação, coroas...

A EXPERIÊNCIA DO LABIRINTO 55

Ninguém de fora entrava. Todo mundo daqui... até os artistas do teatro eram tudo paciente, 1.900 pacientes (tem até um filme que mostra isso). A gente mesmo fazia tudo: enfermagem, encanador, pintura, construção, até de poste de concreto tinha fábrica aqui. Esses bancos de granito? Tudo feito aqui. Fábrica de colchão, fábrica de guaraná, fábrica de torrefação de café, padaria, fábrica de doce. Tinha tudo. Tinha um restaurante muito bonito, igual a esse prédio do museu, mas já foi demolido. Era uma cidade. Tinha loja de tecido, alfaiates, laboratório de fotografia, barbearia... o que tinha numa cidade tinha aqui. Campo de futebol, campo de bola ao cesto, rodeio, campo de bocha (tinha quatro campos de bocha aqui). Era muito divertido. É isso que fazia a gente esquecer um pouco a tristeza.

Mas tinha muita tentativa de fuga. Juntando as coisas para organizar o museu, eu e um senhor (que também mora aqui) fomos no porão, pegar uns papéis para o dr. Opromolla (ele pediu) e, chegando lá, achamos o prontuário da cadeia, com todas as pessoas que fugiam. Pessoas que fugiam três, quatro, cinco vezes (cada vez que fugia ia dobrando a sentença). Era muito triste, muito triste. Não havia medicação, esse chalmugra não resolvia a hanseníase. Aqui era muito divertido, tinha muitas diversões, mas a tristeza judiava muito da gente.

E naquela época a seqüela da doença era pior ainda. Hoje nós temos aí nossos professores que fazem cirurgia na mão (a mão fica retinha, com boa aparência, estética...). Hoje nós temos tudo isso, mas naquela época, tomava o medicamento, dava intoxicação, estourava reação pelo corpo (aqueles nódulos que nem cabeça de prego). Eu mesmo cheguei a trocar a pele, naquela febre que queimava, trocava o couro, a pele toda. E dependendo da forma da doença, perde o nervo. E foi o que me pegou e me estropiou a mão (ficou como uma garra na mão). Era isso aí, a doença trazia seqüela, nos pés também. O hanseniano não tem a sensibilidade. Eu não tenho: eu me machuco, me corto. A hanseníase ataca a região fria do corpo: nariz, cotovelo. É do que ela gosta. Ela pega na pele, nos nervos. Se machuca o pé, fura com prego, não sente. Eu furei o meu pé com prego e fiquei 39 anos com mal perfurante. Depois de 39 anos (foi em 94) começou a complicar. A cada três ou quatro dias estava aquele tumor. Consultei o dr. Raul,

56 ANTONIO VICENTE MARAFIOTI GARNICA

fez biópsia e deu positivo: era câncer no pé. Furei o pé, não percebia, ficava o dia inteiro andando para lá e para cá, e como não tinha sensibilidade... Precisou amputar atrás dos dedos. Tá com dez, onze anos. Nunca mais deu problema no meu pé... eu caminho o dia todo, vou no correio levar comunicação, vou na USC fazer tratamento com a fono... Nunca mais deu problema no pé. Mas não tenho sensibilidade no pé. Tenho bota adaptada, palmilha, mas não tenho sensibilidade, não sei se está machucando ou não. Há pouco tempo atrás (uns sete ou oito meses) eu estava com um sapato novo muito apertado... eu levanto cedo, faço um cafezinho, fico enrolando, às 6 horas eu saio. Calcei o sapato muito justo, não queria enfiar o pé, eu forcei, meus dedos ficaram remontados para entrar no sapato. Andei até as 11 horas com aquele sapato apertado. Fraturei os dois dedos, o primeiro e o segundo dedo, e nem percebi que tinha quebrado os dedos dentro do sapato. Muito triste a falta de sensibilidade...

Aqui a gente era muito unido, mas sempre tem as diferenças. Tem gente que se acha superior ao outro... Tinha essa diferença, sim. Só que quando a gente ia procurar essas pessoas porque estava precisando de alguma coisa, eles atendiam a gente. Mas para a diversão, aqui era tudo separado. Gente que tinha mais dinheiro, mais conforto... Eu chegava com aquela camisa xadrez, camisa ruim, rasgada, sem botão... Então, às vezes, eles não aceitavam a gente ali, na festinha. Às vezes não aceitavam porque não sabia conversar. Delegado, prefeito, advogado (tudo doente), e porque tinham esse poder, tinham também um clube de carteado separado. A gente tinha carteado também, mas a gente não podia apostar porque não tinha dinheiro. Era tudo separado. A comida deles também. Era tudo feito em casa.

Tinha refeitório para quem não podia pagar, e tinha um restaurante. O restaurante tinha uma diferença de 15 cruzeiros para quem jogava bola: 30 cruzeiros para tomar refeição no restaurante, e 15 para quem jogava bola. Eu pagava 15 cruzeiros.

Eu era jogador de futebol. Hoje eu torço pro São Caetano (torcer pra esses times grandes só dá dor de cabeça). A gente fazia campeonato entre os cinco hospitais. Todo ano a gente formava nossa seleção e ia jogar no Padre Bento, em Guarulhos; Santo Ângelo, em Mogi das

Cruzes, o de Itu, e o Cocaes, em Casa Branca, em Mococa. A gente ia pra lá, eles vinham para Bauru... e a gente fazia tudo para ver quem era campeão. Nós daqui nunca fomos campeão, mas tinha jogador bom.

Fotografia original do time de futebol do Asilo Colônia Aymorés. Seu Nivaldo, em pé, é o terceiro jogador da esquerda para a direita. Arquivo pessoal de Nivaldo Mercúrio. Década de 1940.

Quando a gente ganhou um pouco mais de liberdade, e o Corinthians, o São Paulo, o Palmeiras vinham jogar com o Noroeste, a gente ia. Tinha um médico que se internou aqui em 1946. Também era doente da lepra. Internou aqui e ficou junto com a gente. Com ele não tinha diferença. Ele tratava todo mundo igual: criança, adulto, preto, branco, vermelho, tudo igual. Quando ele internou aqui, o que apareceu de gente para fazer cirurgia não é brincadeira... Gente que queria fazer cirurgia no pé, outro no nariz, outro no mal perfurante, outro na perna... o que nós demos de serviço para aquele médico não era brincadeira. Aqui não se fazia cirurgia nenhuma. Era difícil fazer cirurgia. Quando precisava muito, ia no Pira, tinha que ir para outro hospital. E então veio esse médico, dr. Célio, que foi a nossa sorte. Ele acabou casando com uma moça que estava em Padre Bento e que veio para cá junto com a minha irmã. Era o dr. Célio quem levava a gente para ver os jogos. Ele também levou a gente lá em Padre Bento também.

Sempre quando a gente ia em outro hospital jogar, ele acompanhava. Ele e um enfermeiro que media a pressão antes da gente entrar em campo. Foi muito bom ele vir para cá. Sair daqui para os campeonatos era uma alegria imensa. Mas eram só aqueles 18, 20, 25 ou 30 que saíam para jogar, e a gente era em 1.900 pacientes. Para nós uma alegria imensa, mas a gente olhava para trás e via aquela gente que nunca ia sair daqui... Era triste.

Quando a gente saía para jogar, a gente saía daqui de camburão. Em Bauru tem a estação de trem na Praça Machado de Melo, e aqui tem a estação Aymorés. O nosso vagão do trem (o trem que a gente ia pegar para ir para São Paulo para outro hospital) ficava longe da cidade. O camburão transportava a gente até o vagão. A gente entrava, eles trancavam com cadeado para ninguém poder sair. A gente não tinha contato com ninguém da cidade, e não podia, porque tinham os vigilantes que ficavam olhando tudo. Quando o trem dava partida, eles ficavam num reservado, não ficavam nem no mesmo vagão. Quando chegava na Estação da Luz, a gente só descia do vagão quando já tinha um outro camburão esperando para levar a gente para o hospital (não tinha nada que pudesse levar a gente, nem ônibus nem nada). Chegando no hospital, a gente só ficava dentro do hospital, não podia sair para lugar nenhum. Se fugia, ia para cadeia. Fugia mas voltava sempre capturado. Quem não foi capturado (viveu lá fora dez, quinze anos) voltou para fazer o tratamento quando soube que estava tudo em paz, quando ganhamos a liberdade do hospital, quando fomos libertados. Voltavam porque queriam voltar para fazer o tratamento, pegar alta, sair livre.

Aqui tinha tudo quanto era atletismo. E ainda tinha três açudes. A gente ia nadar porque falavam que era bom para a cura da moléstia, que ajudava na cura da hanseníase. Então a gente ia lá e ficava nadando, achando que ia ajudar, achando que curava a doença, mas o que curava mesmo era a sulfona. O primeiro medicamento que chegou era o Promid. O Promid e a Diazona. Um doente do pulmão, nos Estados Unidos, tomou o remédio. Só que ele tinha hanseníase e melhorou. Então viram que o remédio dava resultado para a cura da hanseníase.

A EXPERIÊNCIA DO LABIRINTO **59**

Eu recebi alta.

Quando eu estava completando a idade para fazer o Tiro de Guerra (naquela época era 21 anos, hoje é dezoito), o dr. Edemétrio me disse assim: – "Nivaldo, eu vou colocar você na alta. Você está com dois exames negativos e agora saiu o alistamento pro Tiro de Guerra da classe de 27. Eu vou te dar um atestado, tudo, mas você não apresenta o atestado não. Você passa para fazer o Tiro de Guerra sem apresentar o atestado". E eu: – "Ô doutor, é bom mesmo, porque o que eu mais quero é ir embora daqui e fazer o Tiro de Guerra". Daí veio a comissão médica. Vinham dez, quinze médicos, e a gente se apresentava. Não só eu, muita gente se apresentava, e tirava muito material: mucosa, cotovelo, joelho, até punção (enfincavam uma agulha onde tinha reação para puxar o material). Uns cinco ou seis dias depois, estava tendo um coletivo para jogar com outro hospital (eu estava no coletivo), o enfermeiro foi lá e disse: – "Nivaldo, o dr. Edemétrio quer falar com você amanhã". Falei: – "Pôxa, deu positivo meu exame?". Ele: – "Deu positivo... deu positivo seu exame... você precisa ir lá amanhã". Eu caí da alta.

Então deu algo em mim (eu queria tanto ir embora, ir fazer o Tiro de Guerra): eu tive um trauma emocional muito forte e perdi minha voz, lá no campo, lá no campo mesmo. Todo mundo brincava comigo, ficava conversando comigo (– "Ô Nivaldo, você jogou bem, a defesa era boa, mas você conseguiu marcar gol..."), e eu não respondia nada. Com isso passei 31 anos: o que eu falava ninguém entendia. Eu ficava nervoso e aí é que atrapalhava mais ainda. Ninguém entendia. Passei 31 anos assim. Em 79 veio a psicologia, o serviço social, e fez uma avaliação em todos os pacientes. Chegando a minha vez, me viram naquela situação. Conversaram comigo, fizeram entrevista explicando tudo (e eu não falava nada). Aí me encaminharam para uma clínica, na Dona Ana Azevedo Guedes, ali na Rua Quinze de Novembro, quase chegando na Araújo Leite. Eu me tratei um ano e meio ali, uma clínica muito bacana, muito atenciosa. Não havia quase o preconceito nessa época (eu comecei o tratamento lá em 79). Tinha preconceito, mas não tanto. Fiquei um ano e meio lá, me tratando com as psicólogas, o serviço social, as fonos. Mas o tratamento era caro e então eu desisti.

60 ANTONIO VICENTE MARAFIOTI GARNICA

Mesmo assim me deram o tratamento mais de seis meses. Mas depois eu parei. Também porque minha fono (a gente pega amizade, liberdade, eu estava acostumado com ela) se casou e foi para Joinvile, lá pra aquele mundo lá. Então eu parei.

Depois o dr. Opromolla, do serviço social, falou assim pra mim: – "Vai ali no Centrinho, pede pro Tio Gastão para fazer tratamento ali, que é um lugar especializado". E eu consegui. Me tratei no Centrinho por sete anos. Peguei coragem de me aproximar, até de ficar bravo, discutir com as pessoas. Depois minha fono sofreu um acidente muito sério de carro, parou, e eu acabei parando também. Fiquei sem tratamento durante muito tempo. Agora em 97, veio aqui a turma da USC, da fono, os estagiários. Fizeram avaliação em todos os pacientes aqui, e quando chegou minha vez, viram meu problema, me explicaram tudo (eu quase não entendia nada da doença, do mal que eu tinha nas cordas vocais), e me convidaram para fazer o tratamento lá na USC. Desde 97 até hoje eu vou (não toda semana), mas eu vou sempre lá na USC, e graças a Deus melhorou muito minha voz. Foi muito bom. Graças a Deus ganhei essa liberdade, ganhei essa liberdade que a voz está me oferecendo, me dando essa liberdade para eu poder falar. Muito bacana.

As condições de higiene nem sempre foram boas, e aqui era ainda pior, era ainda pior, sabe por quê? O encanamento d'água, que puxava água lá do açude para nós aqui, só foi construído nos anos 60 (foi agora, no final dos anos 60, que fez o poço artesiano) e então passaram as décadas de 1930, 1940, 1950 e 1960, com muita dificuldade para conseguir água. Nos anos de 30 e 40 a gente chegava a ficar sem água uma semana. Então a gente ia buscar água ali perto do Vale do Igapó, lá na divisa, que tinha uma mina, ou descia lá na bomba para buscar água nos vasilhames para trazer e tomar. Mas sanitário, essas coisas, ficava sem lavar, porque não tinha transporte, de caminhão, de bombeiro, carro-pipa, essas coisas, para buscar a água... não tinha. Aí, como não tinha transporte, pegava a carrocinha, com animal, ou carro de boi, e ia lá no açude buscar tambor d'água para tomar... A gente juntava uma turma e pros vigilantes a gente dizia – "Não, a gente não vai fugir, vocês podem contar quantos a gente é... nós vamos lá na divisa do Igapó, ali onde é a mina, para buscar água". Aí a gente voltava e eles viam que a gente não tinha fugido...

A EXPERIÊNCIA DO LABIRINTO 61

As pessoas que estavam mais doentes, que precisam ficar na cama, eram limpas, mas só limpas, sem banho, não havia água... era difícil. No Padre Bento ainda tinha recurso por causa do dr. Lauro de Souza Lima, porque era pertinho de São Paulo. Agora, no Pirapitingüi, no Cocaes e aqui, era difícil... Acho que o mais difícil era mesmo aqui, que faltava água sete ou oito dias seguidos... E tinha muita gente aqui... os corredores cheios, os porões eram também cheios de cama, o porão do coreto tinha cama, o porão do restaurante (que é muito grande) tinha os leitos também... Aqui mesmo morava um velhinho, bem de idade, que escrevia no placar, assim, num quadro, o nome dos filmes que ia passar, punha ali para a turma ver e punha outro lá em cima nos dormitórios das mulheres para divulgar o filme... Quem não viu vinha ver, se já tivesse visto...

Quando cheguei aqui, fui morar num pavilhão. A colônia já estava cheia de casais. Eu calculo umas oitenta, noventa casas, e cada casa tem dois quartos, sala, cozinha e banheiro. Em cada casa moravam dois casais. Estava superlotado aqui, não tinha como. Então dois casais moravam numa casa só. Fogão a lenha, e as duas mulheres, uma semana uma fazia a comida, depois na outra semana a outra; uma semana uma fazia o café, depois... a rotina ali da casa. As casas tinham água aquecida. Os pacientes daqui eram profissionais, faziam um serviço tão de acordo que resolveram inventar algo para esquentar a água quando chegava o tempo do frio e a água ficava um gelo. Era tudo cano de ferro e, então, passavam os canos de ferro por dentro do fogão a lenha e tinha água quente na casa inteira. Muito interessante aquele trabalho.

As pessoas que não eram casadas moravam em pavilhões, como o Pavilhão Araraquara e o Pavilhão Anita Costa. Treze pavilhões já foram demolidos, e demoliram mais oito pavilhões, aqui. E lá em cima, perto do Ambulatório, tem mais quatro pavilhões que eram das mulheres. Quem vivia sozinho ia morar nos pavilhões; quem era casado morava na colônia.

Teve uma senhora (Dona Letícia, ela veio do Paraná, de Londrina) que morou sozinha em uma casa. Ela chegou aqui e quando se internou (era nova, bem nova, bem sadia) viu construindo uma casa (a casa verde). Ela gostou muito da casa. As casas são da Sociedade, da Caixa

Enéas Carvalho Aguiar. Ela pediu a casa para morar, queria comprar a casa e acabou comprando por 25 mil cruzeiros (aquelas notas de mil cruzeiros, 25 notas). Mas quando ela se internou já tinha a sulfona, e em pouco tempo ela negativou e foi embora de alta. Quando foi sair de alta ela veio na diretoria para devolver a casa. A Caixa queria devolver o dinheiro para ela, os 25 mil, mas ela disse não: – "A escritura tá desfeita, vamos desfazer a escritura, e a casa eu vou doar para vocês". Ela doou a casa e foi embora. Não quis o dinheiro. Foi embora para Londrina e nunca mais vi. Depois de um tempo a irmã dela (não lembro o nome da irmã dela) veio se internar, doente, e ficou morando na mesma casa.

A escola aqui era muito interessante, porque quem fazia o quarto ano aqui, com o Padre Miguel, era como se valesse pela 8ª série. Era uma dedicação só... dois períodos para os mesmos alunos. Era ali na igrejinha onde o Padre Miguel dava aula para umas cinqüenta, sessenta crianças. As crianças eram obrigadas a estudar. Elas tinham até uma enfermaria só para elas: uma enfermaria com uns 48 leitos, cinqüenta leitos. Cabia todo mundo ali e tinha uma pessoa encarregada para ficar olhando as crianças. Muitas tinham os pais aqui, outros já não tinham (como a minha irmã). O dr. Lauro de Souza Lima, que era diretor do Colégio Padre Bento (nem Hospital chamava: era "Colégio" Padre Bento), passava e recolhia todas as crianças órfãs de pai e mãe e levava para lá. Foi o caso da minha irmã. Mas quem tinha um tio, o pai ou a mãe aqui, ficava com eles.

Quando cheguei já não tinha idade para estudar na escola das crianças, mas eu estudei um pouco porque aqui tinha também escola de jovens e adultos. Lá na fazenda da minha avó não tinha escola. Eram uns sessenta colonos morando lá. Tudo analfabeto. Pais, mães, tudo, tudo analfabeto. Meu pai e algumas tias sabiam ler. Tinha um colono que veio de bem longe e foi morar lá. Ele era fantástico. Era um professor. Quando podia ele dava aula. Mas naquela época, eu, meus irmãos e a minha tia que morava lá, a gente não podia freqüentar a escola porque eles eram sadios e na minha família tinha a minha mãe doente. Eles não aceitavam. Mesmo na fazenda. Eles não aceitavam não.

Quando cheguei aqui, eu não era mais criança, mas depois formaram uma escola aqui (de jovens e adultos). Aí eu entrei uns

A EXPERIÊNCIA DO LABIRINTO **63**

dias, mas não gostei e então parei. Depois acabou a escola. Era uma turma grande, era escola de adulto. O professor era o professor Afrânio, o padreco. Ele foi meu professor, muito bacana. Era um músico também. Depois a prefeitura abriu uma classe para todos estudarem. As professoras da diretoria da prefeitura até estiveram aqui hoje. Estavam pegando as pessoas para a escola que vai começar agora em julho. Escola de jovens e adultos. Vai ser numa casinha amarela aqui, perto do Pavilhão Araraquara, aqui perto da igrejinha (eu falo igrejinha porque ela foi a primeira construída, nos anos 30, pelo padre Miguel. Mas como tinham 1.900 pacientes, ele fundou a outra igreja em 48 e inaugurou em 1951). O padre Miguel é que foi o historiador das duas igrejas. Ele tinha oitenta anos em 1953, quando foi para o Seminário de Campo Grande. Quando fundou a igreja, ele arrumou uma caixa de ferro, colocou um jornal, uma carta escrita em latim, uma moeda de ouro, umas medalhas e enterrou ali, em 51, 52. Recentemente estavam batendo com as brocas no alicerce aqui, cavocaram um metro e meio e acharam aquela caixa ali no pé da torre. Isso tem uns dois anos: depois de mais de meio século, depois de cinqüenta anos, o pessoal da firma que estava trabalhando no alicerce encontrou a caixa, entregaram para mim, eu dei para o dr. Opromolla e ele levou na biblioteca.

Na escola das crianças, quando não tinha o padre Miguel, quem dava aula era a mulher de um enfermeiro: dona Ana. Dona Ana também era doente. Aqui não tinha ninguém são, só doente. Era enfermeiro doente, encarregado de pedreiro doente, vidraceiro doente. Os 1.900 pacientes é que faziam todo o trabalho aqui, todos doentes. Os médicos sãos nem entravam aqui. Quando tinha alguém passando mal os enfermeiros davam um jeito de pegar ele e levar lá no clínico, ali onde hoje é o dr. Garbino, a Reabilitação, perto da Fisioterapia, da T.O. Não entrava ninguém aqui. Tinha um portão fechado. Não entrava nem para visita. Nem se tivesse passando mal podia entrar aqui. Só nós mesmos. A gente fazia todo o serviço, a gente era os profissionais. Se não, não me cabia trabalhar de protético (eu até fazia extração de dente): eu não tinha estudo, fui aprendendo com os que já tinham prática e tinham sido liberados.

64 ANTONIO VICENTE MARAFIOTI GARNICA

Nem médico entrava na colônia. Não tinha como, não podia entrar. O Getúlio Vargas, que era presidente, veio para inaugurar esse prédio aqui em 38, e também não pôde entrar. Inaugurou lá de fora, da terceira portaria, a mais longe. O Elias (um dia nós vamos conversar com ele... essa história o Elias conta também). O Elias, a dona Itália, eles quase não sabiam da história do Asilo Colônia Aymorés (que hoje é o Instituto Lauro de Souza Lima), mas como nós fazemos tudo junto (a gente discute, conversa... fizemos já uma porção de filmes), o Elias acabou decorando tudo o que eu falo e então ele também fala. Ele já foi vereador em Bauru, foi presidente do Centro Comunitário umas quatro vezes e, se eu não me engano, já é a segunda ou terceira vez que ele é presidente da Sociedade Dr. Enéas de Carvalho Aguiar, da Caixa Beneficente. A turma toda vota nele.

Hoje eu sou o mais antigo daqui. Quando cheguei aqui havia 1.900 pacientes. Hoje somos 47 pessoas vivendo aqui, todos ex-hansenianos, todos com alta.

Eu também tive alta. Com o passar do tempo, com a sulfona, eu saí, negativei, fui embora. Era difícil para a gente arrumar um emprego lá fora, e se soubessem que a gente era doente de lepra, não aceitavam. Foi o meu caso. Em 1949, arrumei um emprego em Itápolis, passei três meses lá e acabei voltando, pois os empregados descobriram e disseram: – "Ele é doente, é lá do leprosário de Bauru. Ou o senhor manda ele embora, ou nós vamos todos embora".

Fiquei só três meses e acabei voltando. Depois eu nunca mais saí. Já vivo aqui há sessenta anos. Fiquei só três meses fora. Depois voltei e sempre trabalhei aqui. Trabalhei ali na Comunicação, no correio, de 79 a 97. Então o dr. Opromolla precisava de uma pessoa para vir pra cá e eu fui escolhido. Eu até não queria porque eu estava acostumado com o trabalho lá na Comunicação, no correio. Mas aqui é muito bom, o dr. Opromolla é muito bacana.

As outras pessoas que moram aqui têm história diferente. Essas pessoas, essas 47 pessoas (como é que eu vou falar?) passavam necessidade lá fora. Aqui tem todo o conforto, desde roupa lavada, comida, luz, água, não paga aluguel nem nada. E essas pessoas também têm filhos. Tem pessoas que têm três, quatro filhos. Passavam muita ne-

A EXPERIÊNCIA DO LABIRINTO **65**

cessidade, tinham pai ou mãe hanseniano, e por causa disso vieram para cá. Dessas 47 pessoas, ex-hansenianos, acho que são quatro ou cinco que trabalham aqui. Lá fora ninguém trabalha. Quem trabalha, trabalha aqui. Aqui tem inclusive todas essas crianças sadias e outras pessoas sadias. Ao todo são umas 80 pessoas vivendo aqui, só 47 são ex-hansenianos. Tem crianças ali, brincando (não vai filmar), são todos irmãos e a mãe é hanseniana. Moram aqui por causa da necessidade, se recolheram e ficaram aqui. São todos bem tratados. A Sociedade reformou casa para essas crianças que moram aqui. E não só para elas: tem mais uma família, tem outra família, e uma outra família e tem uma outra família também (eu não vou falar o nome) que vive aqui. Só que eles tratam bem a gente. A gente tem que respeitar um ao outro.

Muitos ex-pacientes que já não moram mais aqui, que estão em outra cidade, vêm aqui ainda, para fazer cirurgia. Fazem cirurgia nos pés, na mão. Tem também quem tem problema na mucosa (tem hanseniano com problema que faz desabar o nariz...). Então eles vêm. Muitas pessoas que estão lá fora, que já saíram daqui há trinta, quarenta, cinqüenta anos, vêm passear, consultar. Agora mesmo veio um que faz setenta anos que saiu de alta daqui (ele se chama Oscar). Voltou por causa de mal perfurante no pé. Ainda hoje em dia tem hanseniano, mas já tem tratamento. Desde o final dos anos 40, tem a sulfa. Naquela época nem todos podiam comprar, mas hoje sim, tem cura e ela é radical. Eu mesmo parei com a medicação há trinta anos. Nem tomo mais o medicamento. E muita gente aí, depois de cinco, seis anos, já pára a medicação e só tem o acompanhamento. Mas a cura é radical.

Quanto ao trabalho que faço aqui, ajudando na preservação da Colônia, eu acho que ele é importante porque as coisas mudaram e é interessante a gente saber como elas eram. É importante preservar uma coisa histórica, um patrimônio. Aqui é um núcleo, quase que uma cidade no meio de outras. Estamos perto de Guaianás, do Vale do Igapó, perto de Agudos... a colônia é uma cidade pequena como essas. Aqui perto já estão construindo o hospital da Unimed, um posto... tem uma companhia formando um mundo de eucalipto (não sei é para fazer papel ou o quê). Muita coisa já foi demolida. Depois

66 ANTONIO VICENTE MARAFIOTI GARNICA

que acabou a internação compulsória, em 1968, já não se interna mais ninguém. Algumas pessoas vêm morar aqui, mas mais ninguém quer... A internação compulsória acabou porque a cura da doença foi descoberta. Já tem a sulfona, o tratamento, muitas drogas mais, então não se interna mais ninguém aqui. Mas é bom preservar o que foi feito, o prédio bonito, a igreja. Nada disso pode ser demolido.

Nós já fizemos um filme pela TV Centrinho, em 98. Eu fui convidado para fazer esse filme por saber tudo o que se passava aqui no Asilo Colônia Aymorés (hoje é o Instituto Lauro de Souza Lima, mas já foi Asilo Colônia Aymorés, Sanatório Aymorés, Hospital Lauro de Souza Lima e, hoje, é Instituto Lauro de Souza Lima – Hospital de Pesquisa). Em 98 eu fui convidado para fazer esse filme. Falei: – "Puxa vida, eu ainda não estou muito bem com a voz...". E eles: – "Não, não... fala o que você puder falar, não importa a voz, nós queremos que você participe do filme". E então nesse filme eu acho que estou uns quarenta minutos. Eu sozinho ali, falando, falando, falando... Depois da filmagem vieram fazer entrevista comigo, e noutro dia ainda veio o Luiz Vitorelli. Eu até queria que o Elias falasse com vocês também, porque foi ele que deu continuação ao que eu fiz no filme. Tem também o seu Ernesto, a dona Lourdes, a dona Itália... Esse filme mostra o hospital todinho, desde o começo até agora. Desde quando aqui não tinha o forro, porque a erosão demoliu tudo aqui, comeu esse assoalho, tudo. Agora está muito bonito, mas nos anos 70 estava tudo esburacado, caiu até o telhado. Esse filme tem uma hora e cinco minutos. Quando foram apresentar esse filme da TV Centrinho, daqui do Estado de São Paulo, nós ganhamos o prêmio Oscar. Fizemos também outro filme para a TV Prevê e outras filmagens pequenas para passar nos jornais. Interessante é que quando o Vitorelli levou para a casa dele aquela gravação que tinha feito comigo, a mãe dele falou: – "Eu conheço ele (que era eu). Eu conheço ele e a mãe dele que estava internada aqui em Bauru, faleceu aqui...". A família da mãe do Vitorelli morava na mesma fazenda que eu e meu avô, lá em Itápolis. Ele ficou de me levar lá, mas quando foi uns cinco, seis dias depois a mãe dele faleceu. Não pude ir.

Esse interesse pela minha história eu acho que se deve à curiosidade. Hoje, aqui, o tratamento é coisa de outro mundo. Antes, como eu já

A EXPERIÊNCIA DO LABIRINTO **67**

disse, era muito diferente devido à discriminação, ao preconceito, à sociedade... a gente não podia nem votar... então isso interessa muito. Saber como eram os hospitais da lepra na década de 1930. Em 1926, os leprosos ficavam vagando pela rua, pelo rio Batalha, na beirada do rio. Foi quando o Jorge de Castro, o jornalista, teve dó desse pessoal, todos eles sofrendo, dormindo na rua, em rancho que eles mesmos faziam na rua... E então começou a construção dessa colônia, em 1926. Em 33 já estava inaugurado.

Essa história está em outro filme, o "60 anos". O filme tem uma parte em preto-e-branco, muito trêmula (restauraram). O dr. Salles Gomes era o diretor geral dos cinco hospitais do Estado de São Paulo. Foi quem começou a construção aqui. O dr. Enéas de Carvalho Aguiar foi quem deu continuação. Tinha tanta gente doente que num instantinho se erguia um prédio, duas, três casas, cinco casas. Aqui havia todos os profissionais para fazer telhado, madeiramento... tudo. Eu sempre vivi aqui e vi construir tudo isso. Não se deve deixar acabar. Preservar é bom não só para os hansenianos, mas para muitas pessoas que não têm onde morar (como já tem aqui). Preservar é a melhor coisa. Já se demoliu sessenta casas, as três igrejas evangélicas (três evangélicas e uma católica. Eu sou católico, mas vou em todas elas), os treze pavilhões de 44 leitos, o restaurante, a bomba... agora é que está reconstruindo. O Elias está reconstruindo. É importante a gente conversar com o Elias, conhecer os açudes... É muito importante...

Estou com 77 anos (completei agora, em 11 de junho) e prefiro ficar por aqui, mas continuar sempre trabalhando, porque trabalhar é a melhor coisa para a saúde. Então vou continuar trabalhando aqui. Quero ficar por aqui sempre, e cada vez melhorar mais e, sempre que eu puder, ajudar as pessoas (não em finança, por que eu também não tenho) mas no que der, indicando, encaminhando as pessoas.

Agora eu prefiro ficar aqui do que ir embora.

4
MINERAÇÃO, COMPOSIÇÃO, DESCONSTRUÇÃO: ANÁLISE?

> *"É tão válido representar um modo de aprisionamento por outro quanto representar qualquer coisa que de fato existe por alguma coisa que não existe."*
> *(Daniel Defoe)*[1]

> *"Para passar de uma palavra ao seu significado antes destrói-se-á em estilhaços assim como o fogo de artifício é um objeto opaco até ser, no seu destino, um fulgor no ar e a própria morte. Para passar de simples corpo a sentido de amor, o zangão tem o mesmo atingimento supremo: ele morre."*
> *(Clarice Lispector)*

O Minotauro de Dante não é Astérion, o Minotauro de Borges. São o mesmo Minotauro e são outro, pois tecidos de palavras com intenções distintas. Vítimas, porém, de monstruosidade idêntica: um o touro com cabeça de homem, outro o homem com cabeça de touro. Condenado Astérion em vida a vagar pelo labirinto – monstruosidade de um outro – até que lhe surja a redenção de um Teseu não herói, o

---

1   Albert Camus traduziu para o francês este excerto de Daniel Defoe que serve de epígrafe a seu livro *A peste*, de 1947.

70 ANTONIO VICENTE MARAFIOTI GARNICA

Minotauro de Dante é eterno confinado, *bestia, infamïa di Creti*, vencido pelo Teseu heroificado. Guardando o sétimo círculo do Inferno dantesco, certifica-se o Minotauro de manter submersos no Flegetonte, o rio de óleo fervente, os violentos contra o próximo: tiranos, assassinos e salteadores. Monstro e pecador seqüestrado em vida; monstro e pecador vigilante (ainda que brutal, heroificado?) em morte.

> [...] e à orla daquele abismo, sobreerguida,
> eu vi de Creta a infâmia inominada,
> numa vaca postiça concebida;
> ao divisar-nos, em si mesma o dente
> cravou, presa de fúria desmedida.
> O sábio meu gritou-lhe: "Certamente,
> Supões ser este o príncipe de Atenas,
> Que à morte te levou acerbamente.
> Vai-te daqui por um momento apenas:
> Por tua irmã não veio ele trazido,
> Mas para contemplar do poço as penas".[2]

O monstro e o herói ocorrem, ainda que com tratamentos diferenciados, nas duas abordagens à mesma personagem: nada mais claro que essa constatação. Cada abordagem, entretanto, faz vir à cena todo um conjunto de percepções, comparações, semelhanças, divergências; todo um entorno metafórico que escapa à mera constatação da imagem do monstro e do herói. O jogo entre os elementos que surgem a partir dessas unidades semânticas permite que algo – por muitos chamado realidade, contexto, situação, fato etc. – seja abordado de modo cada vez mais pleno, ainda que nunca definitivo. Não só a metáfora ou a imagem – no caso o monstro e seus entornos: o labirinto, o inferno, o herói, o pecado... –, mas também o tratamento literário que enquadra todo esse universo e, com isso, reconfigura a realidade e permite-nos compreensões sobre o mundo, são fios potenciais a partir do qual uma trama hermenêutica pode constituir-se: é esta a expectativa deste ensaio.

---

2   Dante, *A divina comédia*, Inferno, Canto XII, 11-21.

A EXPERIÊNCIA DO LABIRINTO   71

Muitos autores teorizaram sobre as figuras de linguagem, as representações, as obras literárias, e essa – sublinhamos – não é nossa intenção. Tentaremos tão-somente exercitar as potencialidades de alguns textos literários[3] – e portanto artísticos – para a apreensão do que não somos nós (uma apreensão que nos auxilia, ao fim e ao cabo, a nos situarmos como o que somos), num exercício de análise de uma história de vida: um processo de mineração do outro[4] a partir do relato de suas vivências.

Aventar a possibilidade desse exercício é, antes de mais nada, conceber as formas artísticas (mais especificamente a literatura) como fontes legítimas de compreensões quando da análise de depoimentos, uma tentativa de aproximar a arte da pretensa cientificidade da história oral – regiões cujo diálogo nem sempre é visto como possível ou desejável.

Recentemente, em seu livro *Testemunha ocular*, de 2004, Peter Burke esforça-se para defender o uso de imagens como evidências históricas. Esse seu exercício nos é bastante interessante, posto que mesmo nós, dentre as inúmeras circunstâncias que motivaram esse ensaio, deparamos com imagens, não pretendendo estudá-las como evidências históricas – ainda que avaliemos como potencialmente produtiva essa possibilidade –, mas como motivações que nos levaram a questionar sobre uma necessária ampliação de focos quando do tratamento de

---

3   Ricoeur afirma que a literatura é o quase-mundo dos textos. São precisamente textos desse conjunto – textos escritos, portanto – que selecionaremos, circunstancialmente e por conveniência, para este nosso exercício.
4   "Mineração do outro" é título de poema de Drummond, mineiro de Itabira do Mato Dentro, próximo, portanto, às muitas jazidas de ouro das Geraes. O poema trata da decifração do que se ama. Este, segundo o autor, um exercício comparável ao da morte, permeado de dificuldades e mistérios.

72 ANTONIO VICENTE MARAFIOTI GARNICA

depoimentos em história oral. O estudo de Burke, como será fácil notar, aproxima história e hermenêutica, uma aproximação que há muito julgamos visceral, mais ainda quando passamos a dialogar com o instigante texto de Bolívar que trata de análises narrativas num contexto pós-anos 1970, em que as ciências sociais têm sua "virada hermenêutica".

Interessado em iconografias, Burke estabelece a importância do Grupo de Hamburgo como fundamento inicial para suas considerações. Composto por estudiosos alemães "com boa educação clássica e grande interesse por literatura, história e filosofia", com atuação marcada no período que antecede a ascensão de Hitler ao poder, o Grupo de Hamburgo mostrava especial interesse pelas formas simbólicas e suas relações com as manifestações imagéticas. Panofsky, um de seus membros, estabelece, num ensaio de 1939, níveis de interpretação para imagens: o nível pré-iconográfico – ou nível do significado natural – seria o inaugurador da interpretação, momento de identificação de objetos, eventos, expressões etc. presentes na imagem; o momento da análise iconográfica, propriamente dizendo, no qual seriam enfocados os significados convencionais, de reconhecimento, dos elementos apontados no nível pré-iconográfico (não uma figura, mas a representação da Medusa; não um mero grito, mas o grito que acompanha a decepação; não uma pintura, mas a Medusa de Caravaggio; não uma pessoa, mas Napoleão; não uma batalha, mas Waterloo, não uma pintura: o Napoleão de Davi...); e a interpretação iconológica, momento em que os significados intrínsecos à obra, provenientes, é claro, de um jogo entre as percepções possibilitadas pelos momentos anteriores, viriam à tona, permitindo discutir princípios ou atitudes básicas presentes na imagem como as atitudes básicas relativas à nação, a um período, uma classe, uma crença, filosofia etc.

Ainda que nem todos os teóricos concordem com as definições e os níveis de Panofsky (alguns definem iconologia, por exemplo, como o esforço de reconstrução de um determinado panorama pictórico; outros, como a explicação da representação em seus contextos históricos em relação a outros fenômenos culturais, por exemplo), é relativamente fácil detectar nesses níveis a influência da tradição hermenêutica alemã, particularmente a da hermenêutica de Ast com seus três níveis de

A EXPERIÊNCIA DO LABIRINTO 73

interpretação literária que são sincronicamente correspondentes aos níveis de Panofsky: a interpretação literal; a gramatical ou histórica; e, finalmente, a interpretação cultural que visava captar o espírito (*Geist*) de determinada obra, período ou sociedade.

Ast[5] e Wolf[6] são, certamente, reconhecidos como precursores nos estudos da hermenêutica, a "arte da compreensão" (segundo Schleiermacher), cuja importância para desenvolvermos nossas intenções, neste ensaio, justifica esse longo parêntese. Tal importância já foi ressaltada por inúmeros outros teóricos, e embora não pretendamos nos alongar sobre cada uma dessas perspectivas, ressaltaremos algumas características da hermenêutica (talvez, mais especificamente, da história da hermenêutica) seguindo, muito de perto, o artigo de Verena Alberti "A existência na História: revelações e riscos da hermenêutica", de 1996, e nosso trabalho de 1992, "A interpretação e o fazer do professor: possibilidades do exame hermenêutico em educação matemática", ambos fortemente ancorados no livro de Richard Palmer, *Hermenêutica*, com edição portuguesa de 1969.

O *Peri Hermeneias* aristotélico, obra na qual interpretação é sinônimo de enunciação, é exemplar precursor, mas foi certamente sob a égide da Igreja que a hermenêutica começa a ser sistematicamente pensada (e aplicada) para a interpretação dos textos sagrados. Radicada, pois, na exegese bíblica, a hermenêutica adquire *status* filosófico com os trabalhos de Schleiermacher nas últimas décadas do século XVIII. Talvez seja essa a primeira virada hermenêutica a permitir, mais de duzentos anos depois, aquela das ciências sociais. Concebida por Schleiermacher como uma ampla teoria da interpretação de textos, a hermenêutica escapa do domínio teológico e lança suas questões no campo da filosofia: "A Hermenêutica como arte da compreensão não

---

5   Joel Martins, em nossos encontros para estudar o texto de Palmer no início da década de 1990, atribuía a Ast a abordagem de todas as questões centrais à hermenêutica até Gadamer e afirmava faltar a Wolf a metafísica do *Geist*, essencial na obra de Ast.

6   A hermenêutica de Wolf servirá de fundante, em educação matemática (mais especificamente: em história da educação matemática) à Gert Schubring, como se pode perceber em seu livro *Análise histórica de livros de matemática*, de 2003.

74 ANTONIO VICENTE MARAFIOTI GARNICA

existe como uma área geral, apenas existe uma pluralidade de hermenêuticas especializadas", afirmava Scheleirmacher na abertura de uma de suas famosas conferências. Seu objetivo fundamental, a construção de uma hermenêutica geral como arte da compreensão, como base sistemática de uma teoria da compreensão.

Um século depois, Dilthey – autor que tem entre suas primeiras obras uma biografia de Schleiermacher – volta-se a focá-la, agora com a intenção explícita de estabelecer a especificidade das ciências humanas (ou as ciências do espírito, as chamadas *Geisteswissenschaften*). Em Dilthey, três elementos configuram – ou ajudam a configurar – a postura hermenêutica que será fundante das ciências humanas: a vivência/experiência – o próprio ato ou coisa, unidade essencial que não comporta a interferência do pensamento ou da reflexão; a expressão – modo de manifestação das vivências, visceralmente atrelado à linguagem e suas potencialidades; e a compreensão – ainda em Dilthey tida como causal-analítica, vinculada, portanto, à razão. Compreender é voltar a vivenciar, tornar a experienciar, colocando-se na posição de desejar reviver vivências anteriores havendo, portanto, ainda em Dilthey, algum reflexo daquela postura hermenêutica que exigia, de certo modo, uma aproximação congenial à autoria, como em Schleiermacher. Mas já em Dilthey, a hermenêutica não se aplica somente ao restrito dos textos escritos. Já em Dilthey há o germe da concepção de que as interpretações são processos de compreensão do mundo, pelas obras manifestadas na mundaneidade. Já em Dilthey há, portanto, a imposição da necessidade de ampliar aquele campo hermenêutico inicialmente estabelecido pelos antecessores; uma ampliação de horizontes que Heidegger, no século XX, tratará de efetivar, estendendo à hermenêutica a possibilidade de abarcar inclusive a região das ciências naturais, a hermenêutica como uma postura filosófica plena ou a própria filosofia como hermenêutica; e a compreensão, por sua vez, como modo próprio da existência, abertura ao mundo que, junto à afetividade[7] e à comunicação forma as

---

7   Importante ressaltar que, em Heidegger, "afetividade" é entendida a partir do "ser ou estar afetado por"; alterando, portanto, a acepção usual – senso comum – do termo em língua portuguesa.

A EXPERIÊNCIA DO LABIRINTO 75

"existenciálias" do Ser. Compreensão é, para Heidegger, compreensão-interpretação, movimento que se dá no círculo hermenêutico no qual somos jogados ao mesmo tempo que nos percebemos como seres jogados no mundo, afetados pela mundaneidade, comunicando as compreensões. Não há, pois, a dicotomia compreensão e interpretação, mas um movimento contínuo, existencial, permanente.

Na esteira da filosofia heideggeriana seguem, dentre outros, Gadamer, Habermas, Ricoeur. A postura de Ricoeur em relação a Heidegger é claramente exposta já no início de O conflito das interpretações, reunião de textos produzidos na década de 1960 e publicada em 1969: pretende promover um enxerto do problema hermenêutico no método fenomenológico. "O problema hermenêutico constituiu-se muito antes da fenomenologia de Husserl", afirma Ricoeur, "é por isso que falo de enxerto; dever-se-ia mesmo dizer um enxerto tardio". "Há duas maneiras de fundamentar a hermenêutica na fenomenologia", continua,

> a via curta [...] e a via longa. A via curta é a de uma ontologia da compreensão, à maneira de Heidegger. Chamo "via curta" a uma tal ontologia da compreensão porque, rompendo com os debates de método, se aplica imediatamente no plano de uma ontologia do ser finito, para aí encontrar o compreender já não como um modo de conhecimento, mas como um modo de ser. [...] A questão: em que condição um sujeito que conhece pode compreender um texto, ou a história? é substituída pela questão: o que é um ser cujo ser consiste em compreender? [...] Se começo por esse ato de eqüidade em relação à filosofia de Heidegger é porque não a considero como uma solução adversa. [...] a via longa que proponho tem também como ambição levar a reflexão ao nível de uma ontologia; mas fa-lo-á gradualmente, seguindo os requisitos sucessivos da semântica, depois da reflexão.

É também de Ricoeur o traçado histórico sobre a hermenêutica do qual citamos, a seguir, boa parte, com a intenção de tratar aquelas lacunas que nossa inabilidade não permitiu, até agora, preencher:

> Não é inútil lembrar que o problema hermenêutico se colocou inicialmente nos limites da exegese, isto é, no quadro de uma disciplina que se

76 ANTONIO VICENTE MARAFIOTI GARNICA

propõe compreender um texto, de o compreender a partir de sua intenção, sobre o fundamento daquilo que ele quer dizer. [...] Em que é que estes debates exegéticos dizem respeito à filosofia? No fato de que a exegese implica uma teoria do signo e da significação como se vê, por exemplo, em *De Doutrina Christiana* de Santo Agostinho. [...] Enfim, o próprio trabalho da interpretação revela um desígnio profundo, o de vencer uma distância, um afastamento cultural, de tornar o leitor igual a um texto tornado estranho e, assim, de incorporar o seu sentido à compreensão presente que um homem pode ter de si mesmo. Por conseqüência, a hermenêutica não poderia permanecer uma técnica de especialistas – a τεχνη ερμηυτικη dos intérpretes de oráculos, de prodígios –; ela põe em jogo o problema geral da compreensão. [...] É com Schleiermacher e Dilthey que o problema hermenêutico se torna problema filosófico. [...] o problema de Dilthey era dar às *Geisteswissenschaften* uma validade comparável à das ciências da natureza, na época da filosofia positivista. Colocado nesses termos, o problema era epistemológico: tratava-se de elaborar uma crítica do conhecimento histórico tão forte como a crítica kantiana do conhecimento da natureza, e de subordinar a essa crítica os procedimentos dispersos da hermenêutica clássica: lei do encadeamento interno do texto, lei do contexto, lei do meio geográfico, étnico, social, etc. Mas a solução do problema excedia os recursos de uma simples epistemologia: a interpretação que, para Dilthey, se liga aos documentos fixados pela escrita, é apenas uma província do domínio muito mais vasto da compreensão, a qual vai de uma vida psíquica a uma vida psíquica estranha; o problema hermenêutico encontra-se assim puxado para o lado da psicologia: compreender é, para um ser finito, transportar-se para uma outra vida.[...]

Chamo símbolo a toda estrutura de significação em que um sentido direto, primário, literal, designa por acréscimo um outro sentido indireto, secundário, figurado, que apenas pode ser apreendido através do primeiro. Essa circunscrição das expressões com sentido duplo constitui precisamente o campo hermenêutico. Em compensação, o conceito de interpretação recebe ele também uma acepção determinada; proponho dar-lhe a mesma extensão que ao símbolo; a interpretação, diremos, é o trabalho de pensamento que consiste em decifrar o sentido escondido no sentido aparente, em desdobrar os níveis de significação implicados na significação literal; mantenho assim a referência inicial à exegese, isto é, à interpretação dos sentidos escondidos. Símbolo e interpretação tornam-se, assim, conceitos

A EXPERIÊNCIA DO LABIRINTO 77

correlativos; há interpretação onde existe sentido múltiplo, e é na interpretação que a pluralidade dos sentidos é tornada manifesta.

É, pois, fundamentar uma hermenêutica da existência a proposta de Paul Ricoeur, uma proposta que será efetivada pela interpretação dos símbolos dessa existência dentre os quais, obviamente, estão os textos, tomados, agora, como discursos fixados pela escrita.

Ainda que breve e lacunar, essa nossa abordagem ao tema nos parece suficiente para estabelecer quão equivocadas são as afirmações que atribuem à pós-modernidade uma descoberta da hermenêutica como possibilidade para as ciências sociais. Falar de uma virada das ciências sociais, consolidada claramente à década de 1970, é falar da viabilidade e potencialidade de tratar a vida como texto, ampliando a concepção de registro das experiências humanas e tomando-as como o solo do qual partirá uma análise hermenêutica, visando à intervenção, em alguns casos, ou como fermento para o diálogo inter-áreas, em muitos outros.

A investigação biográfica e narrativa, particularmente aquela em educação – que aqui é a que mais de perto nos interessa –, está assentada nessa "virada hermenêutica" das ciências sociais. Os fenômenos sociais passam a ser vistos como textos, cujos valor e significado, primordialmente, são dados pela auto-interpretação que os sujeitos relatam em primeira pessoa, no que fatores como temporalidade e biografia ocupam posições centrais. Bolívar afirma que na sociologia – à exceção da Escola de Chicago (tão bem configurada, por exemplo, no trabalho de Paul Thompson sobre história oral), cujos exercícios com biografia datam dos anos 20 –, adota-se uma orientação reflexiva, com especial incidência na orientação biográfica; na antropologia-etnografia, mais decididamente que nas outras ciências sociais, adota-se o enfoque narrativo (a cultura como texto), do mesmo modo que na psicologia surge a metáfora da "vida como narrativa". A própria história exercita, com mais fluência e maior reconhecimento, posturas e técnicas que ressaltam a importância das narrativas, inscrevendo-se, nessa trajetória, as importantes contribuições da história oral.

No que diz respeito à história, é importante ressaltar alguns vieses de sua aproximação com a hermenêutica, captados por Verena Alberti

78 ANTONIO VICENTE MARAFIOTI GARNICA

quando discute essa aproximação a partir de uma conferência de Reinhart Koselleck em homenagem a Hans-Georg Gadamer. Essa discussão exige, em princípio, o reconhecimento de diferenciações entre as três palavras alemãs que na língua portuguesa teriam "história" como tradução.

Geschichte faz referências aos acontecimentos do passado, seus cenários, suas motivações, suas personagens: são os momentos históricos propriamente dizendo; *Historie* é a ciência da *Geschichte*, a apreensão empírica tornada sistemática daquelas ocorrências passadas; *Historik* é a abordagem teórica sobre as condições que tornam a *Historie* possível. A *Historik* sendo, pois, o estudo das condições para as *Geschichten*, pergunta-se sobre os processos teóricos que permitem compreender por que e como as histórias (*Geschichten*) acontecem, como podem se desenvolver e por que e como podem ser investigadas, apresentadas, narradas (tornadas, portanto, *Historie*).

Segundo Koselleck – ou segundo a interpretação que Verena dá de Koselleck –, o que torna possíveis as *Geschichten* são algumas "constatações", sistematizadas em cinco categorias: a inevitabilidade da morte e a possibilidade de matar ou ser morto (matriz da existência das histórias, como as conhecemos); a oposição entre amigo e inimigo (uma forma de sistematização em que radicam todas as estruturas comunitárias); a oposição entre dentro e fora (que permitirá uma expressão do que é público e do que é privado e constituirá a espacialidade das histórias, por exemplo); a sucessão de gerações; e, finalmente, as relações entre "sobre" e "sob" (em cima e em baixo, senhor e servo, dominados e dominadores etc.). São todas essas categorias, pois, passíveis de serem enunciadas como pares cujas coordenadas estão em permanente conflito, uma delas estendendo-se à outra ao mesmo tempo que, sob certos olhares, se opõem: morte/vida, amigo/inimigo, dentro/fora, pai/filho, em cima/embaixo. "Os pares de oposição por ele [Koselleck] propostos", afirma Alberti, "são todos estruturas pré ou extralingüísticas, isto é, categorias que apontam para modos de ser que, ainda que necessitem ser mediados pela linguagem, são em alguma medida independentes e não se abrem em mediações lingüísticas. Isso significa dizer que os pares de oposição são pré ou extra-hermenêuticos, [...] eles apontam

A EXPERIÊNCIA DO LABIRINTO 79

para modos de ser de possíveis histórias [...]". A *Historik*, portanto, como estudo das condições dessas histórias possíveis, remete a processos que não são textuais, mas "provocam textos" que, analisados pelo historiador, questionados, transformam-se em fontes.

> Podemos dizer que "provocar textos" é o mesmo que fazer surgir e desenvolver histórias (*Geschichten*) – isto é, fazer emergir sentido. [...] Fazer história no sentido de procurar as condições do surgimento de possíveis histórias é descobrir o espaço extratextual – o contexto certamente – que permite a constituição de textos. Podemos dizer que é apenas nesse momento, em que toma o texto como documento de algo, que o historiador se afasta da inserção lingüística, porque o algo de que o texto é documento não é primordialmente lingüístico.

Por um lado, a considerar as posições segundo as quais só existe aquilo do que eu posso falar, essa afirmação de Alberti/Koselleck é questionável e, com ela, a afirmação resultante de que o espaço da *Historik* é não-hermenêutico. Por outro lado, não é possível avaliarmos a extensão dessa afirmação de Koselleck dado que o texto de Alberti não esclarece o que ambos os autores entendem por linguagem. Concebendo-a como manifestação (tudo o que se manifesta manifesta-se na e pela linguagem), sob um prisma heideggeriano (a linguagem como a morada do Ser), por exemplo, dificilmente esse pré ou extralingüístico dos pares de oposição poderia ser defendido (aliás, algo como uma "estrutura pré ou extralingüística" que necessita da mediação da linguagem mereceria consideração mais demorada, o que não ocorre no estudo de Verena Alberti). De todo modo, não está nisso o interesse central deste nosso ensaio.

Não pretendemos – e a isso já pensamos ter deixado claro – estabelecer a possibilidade da História ou de histórias, mas defender a legitimidade da interpretação a uma *Geschichte* em particular (a de um possível Astérion em relação a outro Astérion e outros Astérions possíveis), que trafega pelo terreno da literatura, da ficção, e de outras motivações e inspirações que vêm da Arte. Analisar textos – em sentido amplo –, num processo que é todo ele de destruição e construção contínuas, de busca a atribuir significados de que estão grávidas as narrativas.

A referência de Verena Alberti à Koselleck já nos permitiria analisar a narrativa de seu Nivaldo como uma narrativa histórica, estivéssemos interessados em estabelecer categorias *a priori* ou sustentar a história oral como naturalmente pertencente ao campo da história. Essa não é, decididamente, nossa posição. Ainda assim, a mesma Verena Alberti, em outro trabalho, publicado em 2004, investe mais pesadamente na aproximação entre história oral e teoria da literatura:

> Aprendemos com a narrativa dos nossos entrevistados? Em que momentos, ou em que entrevistas, nosso ganho é maior do que o de simplesmente conhecer mais uma "versão" do passado? Este texto sugere que uma das possíveis respostas é: quando a narrativa vai além do caso particular e nos oferece uma chave para a compreensão da realidade. E talvez isso aconteça mais incisivamente quando percebemos o trabalho da linguagem em constituir racionalidades.

Contextualizar a última frase dessa citação, entender o sentido que a autora pretende dar à afirmação de que é importante "percebermos o trabalho da linguagem em constituir racionalidades" para explicitar, talvez com mais clareza, no que nosso exercício se diferencia do que por ela é proposto, exige uma visada, ainda que panorâmica, às Formas Simples, elementos de linguagem apresentados e discutidos por Jolles – autor que Alberti usa como um dos suportes fundamentais para sua argumentação –, tendo como pressuposto que a linguagem, como ação, tem um "estatuto de produtora da realidade".

Em teoria da literatura, a obra *Formas simples*, de Andre Jolles, cuja primeira edição alemã é de 1930, é referência obrigatória. Sua intenção, nas palavras do próprio autor, é "determinar e interpretar as Formas (em que medida a soma das formas reconhecidas e distinguidas possui um princípio de ordem, de vínculos de conjunção e de articulações internas – isto é, um Sistema) [dedicando-se] às Formas

A EXPERIÊNCIA DO LABIRINTO 81

que se produzem na linguagem e que promanam um labor da própria língua, sem intervenção de um poeta". A Forma Simples é definida pelo autor a partir do que entende por "disposição mental", isto é, um modo de enfrentamento, uma intenção humana compartilhada por um certo grupo:

Sempre que uma disposição mental leva a multiplicidade e a diversidade do ser e dos acontecimentos a cristalizarem para assumir uma certa configuração; sempre que tal diversidade, apreendida pela linguagem em seus elementos primordiais e indivisíveis e convertida em produção lingüística possa, ao mesmo tempo, querer dizer e significar o ser e o acontecimento, diremos que se deu o nascimento de uma Forma Simples.

Formas Simples são, portanto, elementos que ocorrem e podem ser percebidos na linguagem, mas que não são apreendidos "nem pela estilística, nem pela retórica, nem pela poética, nem mesmo pela 'escrita', talvez". Formas Simples, segundo Jolles, são apreendidas a partir de suas "atualizações": Formas Atualizadas são, portanto, uma espécie de "particularização" (que opera, usualmente, como "exemplo") de uma Forma Simples: a Forma Simples "Legenda",[8] por exemplo, tem sua atualização numa legenda particular – digamos, a vida de São Jorge

---

8 Etimologicamente, "legenda" e "lenda" têm a mesma raiz ("ler"), sendo "legenda", no latim, forma primitiva de ambas ("o que deve ser lido"). Diz originariamente da vida dos santos, como na *Legenda áurea*, obra escrita pelo mendicante Jacopo de Varezze no século XIII. À época em que surgia a Inquisição, percebeu-se que o trabalho contra a heresia demandava uma comunicação acessível à população e não somente aos doutos. "Para essa pregação", relata Hilário Franco Júnior na apresentação da edição brasileira da *Legenda áurea*, "passou-se a recorrer ao *exemplum*, 'relato breve dado como verídico e destinado a ser inserido em um discurso (em geral um sermão) para convencer o auditório através de uma lição salutar'". É nesse contexto que Jolles situa as origens da Legenda já como Forma Artística (cf. nota seguinte), mantendo, porém, a mesma disposição mental da Forma Simples: a imitação, o modelo a ser seguido. Embora "lenda" tenha a mesma raiz, o tempo cuidou de agregar a esse termo o significado de fantasioso, fictício, imaginário, folclorístico. Talvez por esse motivo Jolles e seus tradutores prefiram a palavra Legenda, que mantém menos contaminada a acepção originária que caracteriza a Forma Simples.

82 ANTONIO VICENTE MARAFIOTI GARNICA

–, ao passo que uma Forma Simples Atualizada da Forma Simples "Mito" seria o Mito de Sísifo.

As Formas Simples, então, não estão condicionadas ao labor do poeta, não são formas tratadas literária ou artisticamente:[9] ao contrário, são elas, precisamente, que permitem investigar o itinerário que vai da linguagem para a literatura. Formas simples são captadas em estado nascente, no frescor da ação comunicativa, na linguagem como ação prévia à arte. Analisar as narrativas – um dos principais alicerces da história oral, como afirma Alberti – implica, em algum momento, observá-las como fatos da língua, daí o motivo de, a partir dessas Formas Simples, procurar por sua racionalidade, pelo modo como as narrativas produzem "realidade".

As Formas Simples tratadas por Jolles são a legenda, a saga, o mito, o conto – e não o conto de fadas (que é uma atualização do conto), como afirma Alberti – a adivinha, o ditado (ou provérbio), o caso, o chiste e o memorável.

Há um trabalho minucioso de Jolles para situar e discutir cada uma dessas Formas, até porque o uso, muitas vezes, não impõe diferenciações entre elas. É assim que, por exemplo, o uso não reconhece distinção entre saga, mito e conto ou, como outro exemplo, entre a saga (Forma Simples) e a epopéia (forma erudita da saga). Essas nomeações são, portanto, trabalho de um historiador da arte e estudioso da literatura que decide teorizar sobre as manifestações da linguagem para tentar, com elas, enfrentar a possibilidade de uma análise de narrativas não do ponto de vista científico, filosófico ou histórico, mas uma análise das narrativas tomadas como fato, ação, manifestação lingüística.

Interessante ressaltar, porém, que a própria história é reconhecida pelo autor como uma Forma (uma elaboração erudita que se cristaliza na linguagem) e, como Forma, inimiga de várias das Formas Simples:

---

9   A essas Jolles chama "Formas Artísticas", entendendo-as como "as formas literárias que sejam precisamente condicionadas pelas opções e intervenções de um indivíduo, formas que pressupõem uma fixação definitiva na linguagem, que já não são o lugar onde algo se cristaliza e se cria na linguagem, mas o lugar onde a coesão interna se realiza no máximo numa atividade artística não repetível".

A EXPERIÊNCIA DO LABIRINTO **83**

A Forma por nós provisoriamente denominada "História" comporta-se como inimiga [por exemplo] da Saga,[10] ameaça-a, persegue-a, calunia-a e falseia-lhe antecipadamente os conceitos. Se partirmos de uma determinada disposição mental, tudo o que era positivo numa na outra torna-se negativo: toda verdade se converte em mentira. A tirania da História chega ao ponto de afirmar que a Saga não possui existência real e constitui apenas uma espécie de tímido interlúdio à própria História. Assim, vemos o sentido da palavra Sage enfraquecer pouco a pouco, até que seu uso se confunde com o de Mithus e Märchen (Mito e Conto), aos quais o ponto de vista "histórico" também atribui o sentido de não-História.

O memorável – narrativa registrada sobre um fato – é a forma simples que mais se aproxima da história, e é exatamente por isso que Alberti dedicará ao memorável espaço privilegiado em suas argumentações. Recorramos, aqui, ao próprio Jolles.

A forma "Memorável" resulta espontaneamente de um acontecimento, numa seqüência verbal. O Memorável é a forma mais familiar na época moderna: desde que o universo seja apreendido como uma coleção ou um sistema de realidades efetivas, o Memorável é o meio que permite fragmentar esse universo indiferenciado, estabelecer diferenças, torná-lo concreto. [...] Tal forma, entretanto, é tão familiar e tão comum em nossa época que, justamente por isso, talvez sejamos menos propensos a reconhecê-la como forma. Assim é que se supôs – e por vezes, ainda se supõe – ser impossível apreender o acontecimento de qualquer outro modo que não seja no Memorável ou nos Memoráveis. Uma filosofia da História não hesita em declarar: "Só existe História na medida em que exista uma seqüência temporal ordenada segundo critérios de valor e onde o acontecimento histórico assume o caráter de fato", semelhante filosofia transporta diretamente o

---

10 Para interpretar a disposição mental da Saga são importantes as seguintes palavras: "Família", "Clã", "Vínculos de Sangue" (a esses Jolles incorporará outros, como "Herdeiro" e "Herança"). A noção de "Estado" e um certo "Sentimento Nacional" repeliram o universo construído sobre a disposição mental familiar. Não é por acaso que a *Islendinga Saga* (elemento a partir do qual Jolles inicia suas considerações sobre essa Forma Simples) desaparece quando surge o cristianismo ou, melhor dizendo, a Igreja cristã, que vincula seus fiéis à comunidade e à paróquia, instaurando um novo parentesco, distinto daquele privilegiado pela Saga.

84   ANTONIO VICENTE MARAFIOTI GARNICA

conceito de História para a Forma Simples do Memorável. Uma filosofia da História que nos conceitos gerais só quer ver processos intelectuais, instrumentos e artefatos do espírito, ficções cômodas, uma filosofia [assim] atravessou, por seu lado, a fronteira do Memorável.

O memorável, em sua trajetória de constituição como Forma Simples, coloca-nos diante do universo da história.

> Quanto à disposição mental [...] o importante é a credibilidade, mas tal disposição só encontra credibilidade em sua forma própria e só é atestada pelo acontecimento que assume a forma de Memorável. Demos a isso o nome de "tirania da História". [...] quando essa disposição mental se torna preponderante, dá-se, nas suas relações com as outras formas, um fenômeno comparável ao que ocorre nos próprios Memoráveis, uma espécie de escalonamento em que a Saga, a Legenda ou o Mito só se apresentam como formas relativas ao conteúdo que essa disposição mental tem por costume chamar História, concretizada, conhecida e reconhecida como fidedigna e atestada. Na disposição mental e no uso do Memorável, a forma relativa, ou Gesta, torna-se, pois, uma "fase preliminar", e a palavra "Gesta" perde sua força original, servindo agora para designar o que não é digno de crédito, o que não é atestado.

Essas considerações parecem escapar a Alberti. Sem dúvida há no memorável uma aproximação com a história como a querem conceber alguns historiadores, mas a aceitação do memorável como forma propriamente histórica pressupõe um descarte de concepções alternativas a essa filosofia reducionista e pressupõe, ao mesmo tempo, a conivência com a tirania da história.

> Morto Sócrates, Platão e Antístenes travam um debate sobre a personalidade socrática; Xenofonte, que reside em Corinto, escreve então os seus Apomnemoneumata, termo que ele talvez tenha sido o primeiro a usar como título de uma obra. Seu intuito foi descrever a personalidade de Sócrates não de acordo com suas concepções pessoais, como procuravam fazer os dois adversários, mas deixando que ela se desprendesse e se destacasse do acontecimento, tal como o conservara na memória. O mesmo aconteceu com os apologetas cristãos do século II, que chamaram

A EXPERIÊNCIA DO LABIRINTO **85**

Apomnemoneumata aos apontamentos tomados pelos Evangelistas, em contraste com os relatos mentirosos dos pagãos. Também para eles a maneira de descrever uma personalidade consistia, ao que parece, em levá-la a fixar-se, a desprender-se do acontecimento real e, progressivamente, conduzi-la a uma ordem superior.

Aproximar a história do memorável, nesse nosso exercício, equivaleria a despregar Seu Nivaldo das condições reais de sua existência, do seu modo de perceber essa existência em suas limitações e possibilidades, enfrentando suas fantasias, tentando comunicar os significados que atribui a si próprio, ao seu mundo; seus jogos de aceitação e negação de seu aprisionamento, de convivência com seus iguais-iguais e aqueles iguais-diferenciados, o modo de produção de suas condições de existência, a dominação imposta pelo trabalho, os resíduos de suas próprias memórias e daquelas memórias que ele sistematiza, repete, recria, compartilha como cantilena que se torna verdade. Nada mais distante de nossas intenções. Aliás, tão distante quanto fixar nossa intenção, nesse ensaio, num domínio "propriamente histórico" (ainda que julgássemos isso possível).

Valer-se das Formas Simples, como sugere Alberti, para analisar as narrativas, visando compreender mais profundamente os espaços por onde gravita a história oral que, como temos defendido, assume explicitamente a constituição de fontes históricas como uma de suas atribuições, é colocar-se ante um exercício, no mínimo incômodo, de enfrentar resistências das mais diversas. Tal exercício, como efetivado por Alberti, nos parece, em princípio, uma ousadia num domínio – aquele dos estudos teóricos sobre história oral – no qual poucos se aventuram.

Embora acreditemos que também nossa proposta, neste ensaio, abra inúmeros flancos para a criação de resistências e tensões, nossa intenção não é exercitar o uso das Formas Simples como propulsor na análise das narrativas orais tornadas texto escrito. Essa intenção – transformada texto por Verena Alberti –, embora criativa e bem fundamentada, é, ainda assim, uma proposta de reteorização, uma descrição de fundantes prévios já bem configurados. Propomos algo distinto, ainda não configurado no universo das tramas teóricas sobre história oral, mas que, de certa forma, guarda semelhanças quanto à natureza do exercício de Alberti: (retomando e redizendo) focar as potencialidades que as Formas Artísticas carregam para nortear – e deixar-se nortear – pelas narrativas geradas em projetos de história oral.

Talvez seja interessante reiterar a proposta deste nosso ensaio com o intuito de limpar nosso campo de ação: não tentaremos teorizar sobre literatura ou sobre seus conceitos, muito menos tentaremos estabelecer procedimentos para analisar depoimentos a partir de metáforas ou criações literárias específicas. A intenção deste ensaio é tão-somente exercitar uma possibilidade, a saber, aquela de, a partir de algumas criações literárias (que uma série de circunstâncias tratou de colocar em nosso caminho), conduzir a análise de narrativas orais (no caso, de uma única narrativa oral que nos foi possível e interessante coletar por outra série de circunstâncias). É, em sua essência, um ensaio. Um ensaio de possibilidades que não pretende ser exaustivo, replicável, generalizante, definitivo, e que, embora possa parecer em determinados momentos – até por conta de seu tema –, não tem intenção alguma de transpirar erudição: qualquer tentativa nesse sentido poderá, a qualquer tempo, ser rebatida trazendo à cena alguns de seus fatos essenciais: muito aqui é obra do acaso, das circunstâncias e de ordinárias necessidades humanas. Por fim, é um ensaio que solicita que dele se afastem aqueles que têm uma concepção mais focada de ciência.

É possível, com certa ousadia, parafrasear Borges: sei que podem me acusar de soberba e talvez de loucura. Tais acusações (que não tentarei castigar por inabilidade e, talvez, desinteresse) são irrisórias. Este é um ensaio com mil portas de entrada. Que entre quem quiser: serão bem recebidos os que se dispuserem a comigo procurar as saídas (que nunca assumi existirem). Não encontrarão, porém, caminhos fina, teórica e definitivamente calçados. Não encontrarão – a menos que o hábito tornado quase vício insista em insinuar-se – o bizarro aparato que o academicismo insiste em reproduzir para que seus seguidores só encontrem o caminho seguro, a fortaleza inabalável e a candura da aceitação que vem, benevolente, da identificação.

A análise – qualquer que seja – é um processo caótico. Nossos esforços acadêmicos, sempre, são feitos para configurar e fundamentar perspectivas dentro de um limitado campo de ação, um campo teórico seguro (ainda que na maioria das vezes – senão em todas –, tal segurança seja advinda tão-somente de um reconhecimento acadêmico nem sempre inquestionável). A proposta, então, fundamenta-se na certeza de que o mundo está, sempre esteve e sempre estará, motivando perplexidades (alguém discordaria dessa constatação?).

O trânsito por entre as gentes, os espaços, os registros, as memórias dos tempos, as diferentes perspectivas com as quais cotidianamente deparamos, as tradições, vão criando certas zonas de estabilidade – que poderíamos chamar "um arsenal de referências" – que sempre estarão presentes quando, experienciando o mundo, atribuo significados, crio hábitos de ação – essa manifestação clara das crenças e concepções –, interfiro no mundo ou aparto-me de algumas de suas manifestações. Configurada de modo tanto mais pleno quanto forem suas chances de resistir a alterações, choques e inevitabilidades, essas zonas de estabilidade – meu referencial para com-viver no mundo – são transformadas em pressupostos vivenciais que, convenhamos, nem sempre são fundados em terreno sólido.

Estando no mundo e nele, inevitavelmente, vivendo com outros, sendo afetados pelo entorno do espaço e do tempo em que existimos, em atitude de abertura – manifestada na disposição em ouvir o que esse mundo está a todo momento nos comunicando –, mesmo os pressupostos vivenciais podem alterar-se, num processo dinâmico, ainda que visando fixar – ampliando ou reduzindo – aquele arsenal de certezas, para criar uma zona de estabilidade na qual estão enraizadas minhas opções, os hábitos de ação de que me sinto munido para o enfrentamento com o mundo e com as perplexidades que surgem desse enfrentamento.

Pressupostos teóricos são, por sua vez, informações sistematizadas e reconhecidas por uma certa comunidade. Com eles também deparamos nosso contato com o mundo e são eles integrantes potenciais desse nosso arsenal de referências vivenciais: também nesse caso, tanto o contato com o mundo quanto o espectro de ação que tais teorizações nos permitem serão os responsáveis por incorporá-los ou descartá-los. Ouvir o mundo e não questionar os limites da zona de estabilidade criada à nossa volta é negligenciar as possibilidades criativas da suspeição; negar-se a ouvir o mundo, tentando fixar definitivamente pressupostos que nos são mais cômodos (ainda que sejamos alertados sobre possíveis perturbações na superfície aparentemente calma de nossa zona de estabilidade) é preconceito.

Assim, num processo fluido e dinâmico, as regiões de estabilidade vão se tornando pressupostos vivenciais para atribuirmos significado às coisas da existência, uma atribuição de significado que exerço sobre o mundo estando no mundo. Toda e qualquer análise, portanto, é um processo de atribuição de significado que não se desvencilha desses pressupostos vivenciais. Em última instância, toda análise é um exercício de contraponto entre os "fatos", percepções, sistematizações prévias etc. que coabitam o espaço desses pressupostos que tenho como certos – ou operacionais – e a partir dos quais me sinto seguro e sou impelido a agir. Analisar é exercitar contrapontos, e o limite desse exercício é o indizível, incorporado como pressuposto existencial por percepções que, embora não comunicáveis, participam desse projeto fugidio, amorfo, incontrolável da atribuição de significados. "Estou ficando convencido de que o mundo quer me dizer alguma coisa, me mandar mensagens, avisos, sinais" – diz o protagonista de um dos dez livros do *Se um viajante numa noite de inverno* de Ítalo Calvino, numa frase que bem poderia servir de epígrafe a este nosso ensaio:

[...] Há dias em que tudo que vejo me parece carregado de significados – mensagens que me seria difícil comunicar a outros ou traduzir em palavras, mas que justamente por isso me parecem decisivas. São anúncios ou presságios que dizem respeito a mim e ao mundo simultaneamente: no que concerne a mim, não se trata de acontecimentos exteriores da existên-

A EXPERIÊNCIA DO LABIRINTO 89

cia, e sim daquilo que ocorre por dentro, no íntimo; no que concerne ao mundo, não se trata de nenhum fato particular, e sim do modo de ser de tudo. [...] Toda noite, passo as primeiras horas da escuridão escrevendo essas páginas, que nem ao menos sei se alguém lerá um dia. [...] Quem ler esse diário terá uma vantagem segura sobre mim: com base numa língua escrita, é sempre possível deduzir um vocabulário e uma gramática, isolar frases, transcrevê-las ou parafraseá-las em outro idioma, ao passo que eu tento ler na sucessão das coisas que diariamente se apresentam a mim os propósitos do mundo para com minha pessoa, e sigo tateando, pois sei que não pode existir nenhum vocabulário que transmita em palavras o peso das obscuras alusões que pairam sobre as coisas.

Mantenhamo-nos, tanto quanto possível, nos limites do dizível, deixando a decifração dos subtextos e entrelinhas, em suas potenciais tramas de interpretação, aos leitores que seguiram até aqui. Uma análise, retomamos, é um exercício caótico[11] em sua essência. Caótico e infinito, pois o contato com o mundo estará sempre, e sempre e cada vez mais e sempre, nos dando a conhecer possibilidades, referências, vinculações, estruturas e estruturações, percepções dizíveis e indizíveis; um manancial inesgotável de motivações que brota de todos e de toda parte. Propomos, então, um exercício como Heidegger caracterizou o humano: mais do que é – pois é possibilidade de ser – e menos do que poderia ser – pois o mesmo mundo que nos permite nos impõe opções. Estamos, pois, num exercício de contraponto entre as tramas narrativas de um depoimento coletado para um estudo em história oral e algumas tramas narrativas das Formas Artísticas e Eruditas.

Da mesma forma que esse não é – por não poder ser – um exercício em todas as suas possibilidades, também não há um texto literário,

---

11 O adjetivo "caótico", retomando as considerações já apresentadas na Introdução a este trabalho e representado no título deste livro pela figura do labirinto, não tem aqui a acepção de "meramente desorganizado". Talvez seja, aliás, o contrário disso: o caótico configura-se na aceitação de interferências várias (incluindo aquelas *aprioristicamente* julgadas ilegítimas), como vitais para a compreensão. O caótico, portanto, aqui, atende a uma intencionalidade: em síntese, aquela de mostrar a potencialidade de modos de compreender alternativos a um determinado cânone acadêmico.

ou uma metáfora ou mesmo um conjunto fixo de metáforas que, biunivocamente, em suas manifestações narrativas, possa dar conta da experiência humana e da tentativa de atribuir significado àquilo que ouvimos do outro: é preciso tentar cercar essa existência-narrada a partir de múltiplas perspectivas. Focamos – como já foi possível ao leitor perceber – algumas obras literárias, mas não só elas, também seus entornos, as similaridades que têm entre si, os estranhamentos que causam, suas contradições, imprecisões, peculiaridades, as lacunas de sentido em suas manifestações; toda uma cercania deverá ser trazida à tona para montar esse cenário.

Seu Nivaldo – que tanto quanto Astérion já foi apresentado ao leitor em textualização "co-elaborada" – é um ex-hanseniano que até hoje vive num dos asilos-colônia, o Aymorés, remanescente das políticas profiláticas implementadas na década de 1930.

O Brasil é, ainda hoje, um dos países em que a hanseníase é um problema de saúde pública. Em São Paulo – onde a campanha contra a hanseníase se tornou prioridade a partir da Revolução de 30 –, criou-se o Departamento de Profilaxia da Lepra (DPL) como parte de uma política de recrutamento e treinamento de equipes médicas e construção de asilos-colônia, contando com aparato policial cujo objetivo era retirar de circulação, sem exceção, todos os portadores da doença. Coube ao cirurgião e higienista Francisco de Salles Gomes Júnior – talvez mais conhecido como pai de Paulo Emílio Salles Gomes – essa "colossal cruzada sanitária", por ele desempenhada valendo-se de métodos radicalmente coercitivos. Segundo Carlos Maranhão, em seu livro sobre a vida do escritor Marcos Rey – cuja condição de ex-hanseniano só pôde ser divulgada após sua morte em 1999 –, no período em que Salles Gomes dirigiu o DPL,

foram fichados no estado 22.248 doentes. Com laços, armas e ambulâncias negras, sua Guarda Sanitária internou cerca da metade deles nos asilos-colônia nos quais [...] mandou erguer muros e cercas de arame farpado.

A EXPERIÊNCIA DO LABIRINTO 91

Dotou também os sanatórios de todos os recursos clínicos disponíveis à época, que não eram muitos e tampouco levavam à cura, e de bons equipamentos de lazer, mas não esqueceu de construir cadeias para prender os que infringiam o regulamento ou ousavam fugir.

As informações de Maranhão sobre a situação dos leprosos e o aparato político-profilático do início dos anos 30, tanto quanto a descrição da vida de Marcos Rey – internação, tratamento, fuga, medo, preconceito etc. – guardam uma sincronia impressionante com a narrativa de Seu Nivaldo. Maranhão utiliza várias fontes para sua pesquisa, mas, apenas de modo tangencial, trata da situação do Asilo Colônia Aymorés, de Bauru, esse labirinto contemporâneo que Seu Nivaldo tão detalhadamente conhece e descreve. De todo modo, o trabalho sobre Marcos Rey retraça de modo muito claro as condições vigentes à época:

> Ficava no município de Mogi das Cruzes o asilo-colônia Santo Ângelo, um dos cinco sanatórios construídos ou reformados pelo DPL para abrigar, em regime de confinamento, os hansenianos identificados no estado de São Paulo. Os outros quatro eram o de Aimorés, em Bauru; o de Cocais, em Casa Branca; o Pirapitingüi, em Itu; e o Padre Bento em Guarulhos. [...] Os asilos-colônia eram pequenas cidades. Tinham prefeitura, delegacia, cadeia, hospital, igreja, campos de esporte e áreas de lazer – além de oficinas, olarias, minifábricas, hortas e áreas para criação de animais, que serviam tanto para ocupar os doentes como para garantir parte de sua manutenção. Eles reproduziam, em menor escala, as diferenças da sociedade da qual os internos haviam sido retirados. A imensa maioria morava em pavilhões coletivos, com 24 camas. Os internos em condições de pagar viviam nos "carvilles" [...] com quartos individuais. Comiam em refeitórios separados, que ofereciam alimentação de melhor qualidade que a destinada aos doentes sem recursos. [...] Dos cinco asilos, o de Cocais era considerado o pior. Com muitos internos (1.888 no ano de 1942), quadro clínico insuficiente e acesso difícil, ganhou entre os médicos o apelido de "Sibéria". Alguns deles foram removidos para Cocais como punição funcional. O Padre Bento, ao contrário, era apontado como sanatório-modelo. [...] Quando um de seus internos tentava fugir, em geral ia para a cadeia de Pirapitingüi. Esse sanatório foi um dos primeiros a ser erguidos na então província de São Paulo, no século XIX.

[...] Em todos os sanatórios, funcionavam as Caixas Beneficentes. Criadas pelo médico Lauro de Souza Lima, eram uma espécie de cooperativa. Os próprios doentes encarregavam-se da administração, mas a direção ficava a cargo dos sanatórios. [...] Àquela altura, no início dos anos 40, o modelo isolacionista encontrava-se solidamente implantado em São Paulo. Assim, quando um doente chegava a um dos asilos sabia que estava sendo arrancado de tudo: família, amigos, casa, escola, trabalho, passado e projetos para o futuro. Na prática virava um banido. [...] A primeira coisa que ele [Marcos Rey] deve ter visto ao entrar no asilo-colônia [Santo Ângelo] foi o dístico colocado em seu pórtico "AQUI RENASCE A ESPERANÇA".

Carlos Maranhão afirma que talvez fosse mais adequada a frase de Dante como aviso da morte em vida que vigorava nos territórios proscritos dos sanatórios. Não há dísticos nos portais de entrada do Asilo Aymorés, à exceção do pórtico do cemitério: "AQUI TERMINAM AS DORES DO MUNDO", cuja poesia crua e desesperançada, aos olhos do vulgo, poderia ser lida como realidade e febril esperança para os hansenianos.

O isolamento dos velhos e doentes – com ênfase no processo que culmina num isolamento cada vez mais precoce – ocorre com maior freqüência nas sociedades mais avançadas, um sinal apontado por Norbert Elias[12] como uma fraqueza dessas sociedades,

é um testemunho das dificuldades que muitas pessoas têm em identificar-se com os velhos e os moribundos. [...] [Hoje] a vida é mais longa, a morte é adiada. O espetáculo da morte não é mais corriqueiro. Ficou mais fácil esquecer a morte no curso normal da vida. [...] A visão de uma pessoa moribunda abala as fantasias defensivas que as pessoas constroem como uma muralha contra a idéia de sua própria morte. [...] Como outros aspectos animais, a morte, tanto como processo quanto como imagem mnemônica, é empurrada mais e mais para os bastidores da vida social durante o processo civilizador. Para os próprios moribundos, isso significa que eles também são empurrados para os bastidores, são isolados.

---

12 A referência direta é à obra *A solidão dos moribundos*, publicada recentemente no Brasil no mesmo volume que o ensaio *Envelhecer e morrer*.

A EXPERIÊNCIA DO LABIRINTO **93**

E trata Elias, mais propriamente, da morte-morte, a morte certa e definitiva concebida como fim da vida. Ariès,[13] em sua *História da morte no Ocidente*, nos mostra como nossas perspectivas e comportamentos diante da morte foram se alterando. Elias mostra e analisa como, no correr dos tempos, fomos alterando nossas concepções sobre a velhice e também sobre a morte. Mas o que dizer daqueles cujo isolamento, morte em vida, foi sempre uma constante?

Para os leprosos, se houve o tempo do isolamento compulsório nos asilos, houve antes o tempo da exclusão nos arrabaldes e florestas, justificado pela necessidade de purgação de maldades que bacilo algum reconhece como quesito para o ataque. Não houve um antes ou depois em relação às privações por que passam os hansenianos. Ainda hoje, nas campanhas de alerta e prevenção (cada vez mais freqüentes e insistentes no Brasil), há a mensagem contra o estigma do monstruoso, do condenado, do infame, pecador, proscrito. Não houvesse o estigma, não haveria por que ser combatido. Uma condição de monstro a ser afastado, pois temido, e mais temido porque afastado.

A "figura" do monstro é, portanto, uma das possibilidades de aproximação com a história de vida de Seu Nivaldo, como, aliás, sempre foi para tecer aproximações com a própria lepra: a visibilidade do sinal transformado em símbolo, a mancha vermelho-branca, a familiaridade com a insensibilidade que leva à deformação, a aparência do que não sou, do que não quero ser e que exige seqüestro, afastamento, solidão. O monstro e o selvagem, confinados às cercanias da cidade – onde ficavam, de fato, também os asilos-colônia. A mesma floresta que, como representação alegórica dos pecados, dos vícios e dos erros humanos é uma constante na literatura.

O Dante cujo Minotauro guarda os portões do Inferno errou por uma selva escura ao meio caminho de sua vida.[14] As categorias "mons-

---

13 A referência à Ariès ao mesmo tempo em que citamos Elias pode ser vista como uma impropriedade: não são poucas nem leves as críticas que Elias tece a esse trabalho de Ariès. De todo modo, para nossas intenções, aqui, essas críticas não são impeditivas.

14 *"Nel mezzo del cammin di nostra vita / mi ritrovai per uma selva oscura, / ché la diritta via era smarrita."* (Dante, *A divina comédia*, Inferno, Canto I, 1-3).

94 ANTONIO VICENTE MARAFIOTI GARNICA

tro", "selvagem", "floresta" e "pecado" dialogam em nefasta sincronia. A figura do selvagem não foi criada pelo pensamento ocidental com o descobrimento do Novo Mundo: sempre existiu. Woortmann, em livro recente, fala das raças plinianas, advindas da teratologia de Plínio, o Velho.

A literatura medieval relativa tanto a certos povos europeus quanto a outros lugares que não a Europa tendia a girar em torno de monstros – as chamadas "raças plinianas" [...] e maravilhas herdadas da Antiguidade. Se os selvagens teratológicos possuíam características físicas "abomináveis", os povos selvagens possuíam costumes reprováveis, como o nomadismo, que se opunha à *polis* grega, ou o viver em florestas ou desertos, isto é, no *agrios*, área não cultivada. Tais povos seriam habitantes da *eschatiá*, o limite do mundo. O pensamento grego, com poucas exceções [...] não revelou sensibilidade para a compreensão do Outro. No período medieval, que tampouco favorecia o estudo da alteridade, fundiram-se as tradições grega e judaica, e surge um selvagem que poderia ser associado à idéia de maldição, do satânico, à Queda.

Seu Nivaldo é, aos olhos do outro, digno representante do que deve ser afastado, temido, escondido, controlado. Revive, próximo a nós, a odisséia daquele Minotauro considerado espúrio, cujos camburões do DPL, Teseus do início do século XX, tratarão de violenta e incansavelmente combater.

Há também, talvez, um Seu Nivaldo Astérion, aquele que no labirinto opta por inventar e viver seus jogos, fundindo-se aos outros que sua fantasia cria. Em comunidade, a memória de nosso Astérion (re)vive e (re)cria baile de carnaval, teatro, cinema, festa e rodeio. Ainda na infância, a consciência da própria doença transformada em jogo: "deixa eu morder seu braço, depois você morde o meu...". Refaz-se uma órbita em que a felicidade, essa clandestina, toma espaço, ainda que breve, no discurso pontuado por "era muito difícil ... ficava asilado... era triste...".

Teseus desse Minotauro não foram banhos de rio, chalmugra, punção: foi a sulfa, e os atenienses que a possibilitaram, alguns políticos interessados em eleição. No trabalho, outra forma de redenção

A EXPERIÊNCIA DO LABIRINTO 95

ao prover certa aura de normalidade quais os úteis do mundo fora dos portões, além do parlatório:

> [...] Aqui não tinha ninguém são, só doente. Era enfermeiro doente, encarregado de pedreiro doente, vidraceiro doente. Tudo doente. [...] enfermagem, encanador, pintura, construção, até de poste de concreto tinha fábrica aqui. Esses bancos de granito? Tudo feito aqui. Fábrica de colchão, fábrica de guaraná, fábrica de torrefação de café, padaria, fábrica de doce. Tinha tudo. Tinha um restaurante muito bonito [...]. Era uma cidade. Tinha loja de tecido, alfaiates, laboratório de fotografia, barbearia... Campo de futebol, campo de bola ao cesto, rodeio, campo de bocha (quatro campos de bocha). Era muito divertido. É isso que fazia a gente esquecer um pouco a tristeza.

Não a redenção na Morte, como em Astérion, mas no esquecimento de uma condição de morte em vida, permitida pelo trabalho, pelas tentativas de fuga, danças e jogos. Aparentemente afastam-se Seu Nivaldo e Astérion também pelo desejo de inscrever-se: *"no me enteresa lo que un hombre pueda transmitir a otros hombres"*, amarga o Astérion de nobre linhagem. "O Elias, a Dona Itália, eles quase não sabiam da história do Asilo Colônia Aymorés, mas como nós fazemos tudo junto (a gente discute, conversa... fizemos já uma porção de filmes), o Elias acabou decorando tudo o que eu falo e então ele também fala", conta envaidecido Seu Nivaldo. Conta e reconta sua história que é a história de muitos, faz filmes, ganha Oscar. Mas esse afastamento entre nossos atores é de uma aparência enganosa: tanto quanto Seu Nivaldo, Astérion quer revelar-se, registrar-se. Por qual outro motivo permitiria que seu depoimento fosse capturado pela escrita que ele próprio não controla? Negar a escrita querendo registrar-se por ela é o paradoxo de Astérion que Borges deixa aparente na nota de rodapé imposta ao conto, uma contradição que Seu Nivaldo não exercita. Também ele não domina a escrita, mas conhece suas possibilidades, assume querer registrar-se não só pelas histórias que relata, pois percebe a evanescência da fala em contraposição à duração da escrita em sua prisão estática. Gosta dos livros, das fotografias, das imagens antigas que recolhe para o museu que ajuda a construir.

Levanta museus. Exercita-se Seu Nivaldo num ofício que lhe é familiar, o de historiador, que ele mesmo define como aquele que funda, preserva, registra:

> O padre Miguel é que foi o historiador das duas igrejas. [...] Quando fundou a igreja, ele arrumou uma caixa de ferro, colocou um jornal, uma carta escrita em latim, uma moeda de ouro, umas medalhas e enterrou ali, em 51, 52. Recentemente estavam batendo com as brocas no alicerce, cavocaram um metro e meio e acharam aquela caixa ali no pé da torre. Isso tem uns dois anos: depois de mais de meio século, depois de 50 anos, o pessoal da firma que estava trabalhando no alicerce encontrou a caixa, entregaram para mim, eu dei para o dr. Opromolla e ele levou na biblioteca.

Seu Nivaldo não parece ver a morte como redentora, como a via Astérion. Sua redenção-purgação teria ocorrido em vida? Diferentemente daquele de Astérion, o labirinto de Seu Nivaldo não tinha portas dia e noite abertas a quem quisesse entrar (mas as teria Astérion?). Não se pode acusar Seu Nivaldo de soberba nem misantropia, mas como Astérion, ele saiu de sua casa para enfrentar os rostos descoloridos e iguais daqueles do outro lado do parlatório. Retornam ambos, por motivos nada distintos.

No jogo de contrapontos, algo os diferencia nessa dinâmica que alterna prisão e liberdade? Só os detalhes de que cuida a narrativa. Em essência, ambos prisioneiros: um reconhecendo-se confinado; a origem nobre a alimentar a soberba do outro, impedindo a explicitação ou aceitação desse reconhecimento. Ambos prisioneiros com seu Minos personificado: para um, o rei traído e envergonhado; para outro, as políticas sanitárias tão bem controladas por Francisco de Salles Gomes Jr. e toda a trama que seus procedimentos disparava. Antes, o Minos comum, aquele criado pelo reconhecimento do que não sou eu e que exige o seqüestro do diferente, a criação da margem. Na casa de ambos, o conflito entre liberdade e visitação: na de um, a liberdade de si e do outro pela morte julgada redentora; na de outro, a morte em vida que protege a liberdade dos que se afastam. Jogos de linguagem, como os que Astérion inventava para si. Jogos da linguagem como aqueles que permanecem na memória de Seu Nivaldo e servem para justificar uma alegria em meio à impossibilidade, tênues e clandestinas felicidades.

Seu Nivaldo só dá pistas sobre seu desamparo, seu afastamento, seus sentimentos, mas descreve com precisão cirúrgica tanto as formas de tratamento possíveis quanto seu histórico de hanseniano. Curiosamente, das doenças contagiosas, "ela", a lepra, é a menos contagiosa, e dentre os que a contraem, grande parte contrai uma forma em que a cura se dá espontaneamente.[15] Nada mais nítido que isso, portanto, como exemplo às compreensões de Ítalo Tronca quando, a partir da história cultural, apresenta algumas narrativas sobre a lepra e a Aids, tomando-as como paradigmas de uma "história delirante":

> a doença, sobretudo as grandes doenças, e sua memória revestem-se de um caráter "delirante" no sentido de que as linguagens que as instituem e representam se descolam do seu referente material e criam uma outra doença, uma espécie de ser simbiótico que reúne os traços do fenômeno biológico juntamente com os da cultura.

Transmitida tanto pelo bacilo *Mycobacterium leprae* (em menor escala) quanto pelos humanos infectados, a hanseníase ataca especialmente as partes frias do corpo, motivo pelo qual o tatu[16] tem sido o animal mais adequado para os testes laboratoriais que antecedem a aplicação das drogas aos enfermos. Os sinais da hanseníase – ainda que nem sempre ostensivamente aparentes – são placas avermelhadas

---

15 As demais formas do mal de Hansen – a tuberculóide, a dimorfa e a virchowiana – exigem cuidados.

16 Tatus são mamíferos encontrados somente nas Américas. Das vinte espécies de tatus já descritas, dezessete podem ser encontradas no Brasil. O interesse no tatu (especificamente no tatu conhecido como "tatu nove bandas" ou "tatu galinha") para as pesquisas biomédicas intensificou-se quando foi observado que esse mamífero desenvolvia a hanseníase após a inoculação com bacilos derivados de lesões de pacientes com hanseníase virchowiana. A baixa temperatura corporal (30-35°C), uma exigência para a multiplicação do bacilo da lepra, fez que o tatu se tornasse um importante modelo experimental para estudo de diversos aspectos da hanseníase, além de ser utilizado para obtenção de bacilos em grandes quantidades.

98   ANTONIO VICENTE MARAFIOTI GARNICA

e intumescidas no corpo – sinal do combate ao bacilo pelo sistema imunológico – que aos poucos desaparecem. Há por vezes deformações leves na face – os pacientes podem perder sobrancelhas e cílios, e, permanecendo muito tempo sem tratamento, o germe ataca a cartilagem do nariz, deformando-o. Não há – como aponta a crença popular – queda de partes do corpo, mas um ataque aos nervos – quando o bacilo sobrepuja o sistema imunológico – fazendo que certas regiões fiquem insensíveis à dor. Com isso, pedras podem machucar o pé causando feridas cuja infecção pode expor o osso (exemplo comum da situação conhecida como "mal perfurante"); os pacientes queimam-se sem perceber ou, como ocorreu a Seu Nivaldo, têm fraturas graves que nem sequer são notadas; afetando o nervo que permite o movimento da pálpebra o bacilo pode cegar o olho desprotegido.

Talvez numa tradução incorreta do hebreu para o grego radique a associação da lepra a uma condição religiosa, própria ao ímpio, ao profano. Não só doença: é maldição, vergonha, pecado, estigma. Implica proscrição, demanda purificação religiosa. Ainda que essa explicação proceda até certo ponto, ela não esclarece a matriz comum da tradução de "lepra" por "pecado" no xintoísmo ou na Índia. De certo, porém, é que se agregou aos leprosos a característica da maldade. Pecaminoso e mau, é também representado no folclore nacional como "um dos poucos monstros urbanos que nossos avós nos legaram", segundo Mário Corso em seu *Monstruário: inventário de entidades imaginárias e de mitos brasileiros*: o "papa-figo", corruptela de "papa-fígado":

> Trata-se de uma pessoa que mata crianças para comer seu fígado, ou um intermediário que as rapta para que outro lhes coma o fígado. Ganhou esse nome por uma superstição antiga, quando se dizia que o fígado tinha propriedades curativas para a lepra. Na verdade, mais do que uma superstição, eram ecos de uma medicina muito antiga [...]. Nessa medicina, a lepra era concebida não como uma doença da pele, como o senso comum nos levaria a pensar, mas como uma fraqueza do sangue por deficiências no funcionamento do fígado. Ora, nesse raciocínio, para curar um fígado ruim, necessitava-se de um fígado novo e bom. É uma medicina que recorre a formas mágicas de pensamento, em que o objeto incorporado pela ingestão substituiria o órgão avariado. [...] o Papa-figo era quem seqüestra-

A EXPERIÊNCIA DO LABIRINTO 99

va crianças para comer seus fígados ou vendê-los aos leprosos. Na verdade, trata-se de um monstro bem perto do humano, sua monstruosidade vem de trazer à tona um recalque caro à nossa cultura: a antropofagia para fins rituais. Era imaginado com aparência similar à do Velho-do-saco,[17] pois carrega um saco para colocar as crianças capturadas.

Num interessante estudo sobre criminalística ("que terminou como um livro sobre estudos culturais e filosofia política"), Jock Young discute o processo de demonização, as estratégias para a criação de demônios sociais, uma característica da modernidade recente que nos permite colocar os problemas da sociedade nos ombros de outros, em geral daqueles que o próprio meio social afasta e coloca à margem. Em nome dessa demonização são adotados comportamentos contra os "outros", aqueles julgados como estando completamente fora do que é considerado "o" comportamento civilizado "normal". Embora Young pretenda uma discussão – fundamentada filosoficamente – no domínio da criminalística, é interessante como sua argumentação nos permite compreender o processo de expurgo aplicado contra os hansenianos (processo que Seu Nivaldo tão claramente expõe em seu depoimento) tanto quanto a já aludida aproximação da lepra aos desvios, avizinhando os leprosos dos bandidos, dos drogados, das prostitutas e de toda sorte de criminosos e "exceções".

A demonização, como tática para a atribuição de culpa ao "outro" pelas mazelas sociais, vincula-se à necessidade de neutralização daquela responsabilidade que tenho em relação ao que não sou eu, à negação da alteridade. Jock Young discute uma série dessas técnicas de neutralização da responsabilidade em relação aos estranhos que entraram em nosso meio, a começar pela inversão clássica de responsabilização da vítima.

---

17 Ainda segundo Mário Corso, "O nome Velho-do-saco já diz quase tudo sobre esse ser imaginário. Trata-se de um velho, maltrapilho, feio e sujo que traz nas costas um saco em que mete as crianças que pega. Personagem urbano, pode estar em qualquer lugar e atacar a qualquer momento. É conhecido em todo o Brasil, embora as últimas gerações o venham esquecendo".

As formas mais comuns de inculpação da vítima são variações do tema "foram eles que começaram", "eles mereceram" e "receberam o que procuraram". [...] outras formas de "negação da vítima" [...] incluem, em primeiro lugar, desumanização: degradação dos grupos de vítimas através do repúdio da sua humanidade. [...] Em segundo, condescendência: o outro é visto não tanto como um mal ou subumano, mas alguém a ser tratado paternalisticamente como inferior, primitivo, infantil, incivilizado, irracional e simplório. Em terceiro, distanciamento: o grupo dominante pára de sentir a presença de outros; eles virtualmente não existem.

Não só, porém, os estranhos ao nosso meio são demonizados na aplicação dessas técnicas de neutralização: também os que se tornaram estrangeiros ao meio. Esses "desviantes", segundo a doutrina que prevê a demonização, acompanhada de uma purgação das culpas do demonizador, são tentados, "escolhem voluntariamente seus desvios, [...] são vistos como a causa do problema, [...] causam repetidamente uma proporção notavelmente grande dos problemas da sociedade e, finalmente, efetivamente prejudicam a si mesmos. Quem poderia discutir sua demonização?". Também indivíduos – e não apenas grupos – são demonizados pela sociedade. A demonização do indivíduo cria o monstro.[18] A caracterização do monstro – a partir desse estudo de Young – pode ser feita de modo relativamente estável: as depravações do monstro são claramente definidas e explicitadas; vistos como monstros, são criaturas essencialmente diferentes de nós; estão além da redenção, nada nem ninguém poderá salvá-los; os perigos aos quais eles nos submetem são extraordinariamente exagerados; os meios de comunicação perseguem os desviantes antes mesmo da polícia (a mídia, em geral pode produzir tanto monstros quanto santos).

Seu Nivaldo, Papa-figo e Astérion são desviantes, representam o desvio, insistem em nos deixar face a face com o que o centro exige que creiamos periferia. Mas uma cultura pode ser compreendida a partir de suas margens, e essa talvez seja essa a afirmação mais definitiva permitida pelo confronto que este ensaio pretende promover.

---

18 Muito freqüentemente os monstros são criados no processo de demonização de um grupo, alerta Young.

Jeffrey Jerome Cohen esboça em algumas teses uma tentativa de perscrutar as culturas a partir dos monstros que ela cria. Segundo seu ensaio, o monstro nasce em "encruzilhadas metafóricas, é engendrado culturalmente", "o corpo do monstro é cultural". "O monstro sempre escapa" sendo necessário que estejamos sempre alertas para estabelecer os limites entre o que sou e o que não sou ou não quero ser. Num mundo que sempre ameaça mudar, em seus valores, sua lógica, a postura de alerta constante é uma necessidade; os monstros, sempre livres, são o que criam, em mim, o escoteiro. O que a figura do monstro exibe é exatamente essa possibilidade sempre renovada de transmutar-se, fugir das amarras, não se prestar à categorização fácil. Não gratuitamente, Lakatos – para ficarmos num exemplo familiar à educação matemática – chama seus contra-exemplos de monstruosos: escapam à definição, exigem transformações que criam outros monstros, numa série de fantásticas monstruosidades que preciso evitar e em relação às quais devo estar alerta. O monstro, à margem, define até onde posso ir, "o monstro policia as fronteiras do possível" como o Minotauro de Dante policia o círculo do inferno. A existência do monstro limita meu trânsito, justifica essa limitação, priva meu corpo de movimento social, controla minha curiosidade, estabelece fronteiras. Controlo meu corpo, pois controlo o corpo do outro que também controla a si próprio e a mim: para isso serve o monstro. O monstro é o interdito – ou o dito à sombra – que controla, normatiza, exibe a existência de práticas que me são proibidas e que eu mesmo me imponho como tal.

Na narrativa de Seu Nivaldo há, explicitamente, registros desse controle imposto pela condição de monstro: alternando-se entre o reconhecimento e o desconhecimento do controle exercido sobre si pelos mecanismos sociais, controla a si próprio tanto como forma de aceitação do controle que pesa sobre ele quanto como forma de proteção de si e do outro, ambos vítimas potenciais do preconceito:

> Ao todo, [hoje], são umas oitenta pessoas vivendo aqui, só 47 são ex-hansenianos. Tem crianças ali, brincando (não vai filmar), são todos

irmãos e a mãe é hanseniana. Moram aqui por causa da necessidade, se recolheram e ficaram aqui. São todos bem tratados. A Sociedade reformou casa para essas crianças que moram aqui. E não só para elas: tem mais uma família, tem outra família, e uma outra família e tem uma outra família também (eu não vou falar o nome) que vive aqui. Só que eles tratam bem a gente. A gente tem que respeitar um ao outro.

O controle plenamente exercitado: controle (imposto pelo outro) que se torna controle de si e daqueles com quem se vive. Controle transformado em autocontrole e julgado proteção.

O trabalho tem função similar: promove a disciplina que facilita o controle. Disciplina e trabalho tomados, ao fim e ao cabo, como possibilidade de acesso aos bens de produção, e registrados com o orgulho de quem, útil, com as próprias mãos, garante as condições para sua existência. A história de um sujeito incorporando a história de toda sua civilização: domina-se o eu, a própria natureza (como, segundo a leitura de Horkheimer e Adorno,[19] Ulisses – o protótipo do homem moderno esclarecido –, domina seus medos, controla seus instintos e desejos); domina-se o trabalho de indivíduos disciplinados e controlados (assim como Ulisses faz com seus timoneiros); domina-se a natureza exterior, as ciências e a tecnologia (que tornam possíveis a Ulisses as artimanhas com as quais ultrapassa suas provações).

a gente chegava aqui, o diretor, o médico, falavam: – Você está no Asilo Colônia Aymorés, não pode sair daqui, precisa viver aqui, fazer seu tratamento, ser exemplar, bom paciente, arrumar um serviço para trabalhar. [...]

---

19 A referência a Horkheimer e Adorno nos ocorreu a partir do texto de Marcelo Carbone Carneiro, no qual o autor discute o *Dialética do esclarecimento*. Outras fontes reforçam a potencialidade da figura de Odisseu (Ulisses) como protótipo do homem moderno. É o caso da introdução de Victor Brombert em seu *Em louvor de anti-heróis*: "Odisseu, conhecido como *polymêtis* (um homem de muitos estratagemas), pode mostrar-se especialmente sedutor aos leitores modernos porque parece ser a encarnação de *mêtis* – uma combinação de destreza, astúcia, adaptabilidade, flexibilidade de espírito, habilidade em todos os tipos de dissimulação, ilustrando em quase todos os pontos o primado da inteligência sobre a pura força muscular e a impulsividade".

A EXPERIÊNCIA DO LABIRINTO 103

Quando eu cheguei aqui fui trabalhar na oficina da carpintaria, na marcenaria. Depois, como eram os próprios doentes os profissionais, foram me buscar para trabalhar de protético. Quando cheguei, vi todos aqueles 1.900 pacientes (quem não tinha condições de trabalhar não trabalhava, mas os que tinham condições trabalhavam. Dos 1.900 acho que tinha uns 1.300 que trabalhavam, umas 1.300 pessoas que trabalhavam). [...] Eu vi aquelas pessoas que não tinham condições de pegar os paralelepípedos com as mãos, gente com problema nos pés (mal perfurante). Eu fiquei olhando e falei: – Ah, eu vou trabalhar é aqui mesmo, quero nem saber... vou fazer calçamento. E ali eu comecei. Minha mão era sadia, boa mesmo. Eu pegava dois paralelepípedos de uma vez só, levava e voltava... os pés bons (dezessete anos...). Aí chega o encarregado: – Ué, o que ele tá fazendo aqui? Ele ficou olhando, a gente estava conversando, e então ele me incluiu na folha da Laborterapia. Fiquei ganhando, não lembro se foram 40 ou 50 cruzeiros por mês (porque naquela época era o cruzeiro). Encarregado ganhava 80, 90. [...] A gente mesmo fazia toda a função aqui. Não se tinha diploma, não tinha nada, mas fazia as extrações de dente, obturação, coroa... [...] Os pacientes daqui eram profissionais, faziam um serviço tão de acordo que resolveram inventar algo para esquentar a água quando chegava o tempo do frio e a água ficava um gelo. Era tudo cano de ferro e, então, passavam os canos de ferro por dentro do fogão a lenha e tinha água quente na casa inteira. Muito interessante aquele trabalho.

Dominado, controlado, afastado. O monstro – continuando com Cohen – é o pecado, e meu afastamento em relação a ele subverte-se em atração: "o medo do monstro é uma espécie de desejo". Suspeitamos dele e o odiamos "ao mesmo tempo em que invejamos sua liberdade e, talvez, seu sublime desespero". Exercito a fantasia de conhecer as florestas e as regiões escuras e periféricas nas quais o monstro vive, esses "horizontes de libertação". Quero – mas não posso e não devo – ultrapassar os portões da diferença para estar onde o monstro mora. Se os ultrapassasse, criaria outros monstros, outras margens, outros desejos, outras necessidades de alerta, outras limitações, outras cercanias, outras negações e afirmações, outros heróis. Criar o monstro cria a necessidade dos mecanismos de extermínio que o herói tão perfeitamente executa.

O herói é o avesso do monstro? O herói personifica aquilo que me redime, que abre portas, cria passagens, alarga caminhos, controla o monstro, conhece os portais da diferença. O herói é uma potencialização de mim, cria zonas de reconhecimento, mantém afastados – ainda que possa reconfigurá-los – centro e periferia. Monstro cria herói, herói cria monstro: essa sempre dinâmica configuração de existências entrelaçadas. *Monstrum* é o que revela, que adverte. O herói, destruindo o monstro, pretende a monstruosidade da continuidade do velado. O herói do monstro é, antes, um herói-monstro do mesmo modo como há o monstro-herói.

Também na literatura há dificuldades para a demarcação das fronteiras entre o heróico e o não heróico. "A literatura dos séculos XIX e XX", afirma Brombert,

> está abarrotada de personagens fracos, incompetentes, desonrados, humilhados, inseguros, ineptos, às vezes abjetos – quase sempre atacados de envergonhada e paralisante ironia, mas às vezes capazes de inesperada resistência e firmeza. Esses personagens não se ajustam aos modelos tradicionais de figuras heróicas; até se contrapõem a eles. Mas pode haver grande vigor nessa oposição. Implícita ou explicitamente lançam dúvidas sobre valores que vêm sendo aceitos ou que foram julgados inabaláveis. Pode ser esta realmente a principal significação de tais antimodelos, de suas forças secretas e vitórias ocultas. O herói negativo, mais vividamente talvez que o herói tradicional, contesta nossas pressuposições, suscitando mais uma vez a questão de como nós nos vemos ou queremos ver. O anti-herói é amiúde um agitador e um perturbador.

O jogo entre heroísmo e monstruosidade, portanto, está constantemente em cena quando se trata de analisar o heróico e o anti-heróico. Via de regra, desde Homero, "herói" vincula-se diretamente à palavra "nobre". Ao longo dos séculos, continua Brombert, heróis parametrizaram concepções éticas e estéticas e visões morais em resposta à pergunta sobre o sentido da vida, na intenção de conferir dignidade ao sofrimento humano. E quais características a literatura impõe à condição do herói clássico?

Os heróis vivem segundo um código pessoal feroz, são obstinados diante da adversidade; seu forte não é a moderação, mas sim a ousadia e mesmo a temeridade. Heróis são desafiadoramente comprometidos com honra e orgulho, embora capazes de matar o monstro, eles mesmos são freqüentemente medonhos e até monstruosos [...] o herói ou heroína é uma figura única, exemplar, cujo fado vai situá-lo ou situá-la no posto avançado da experiência humana, e praticamente fora do tempo. Poder-se-ia falar de uma moral da vontade da ação. Quer combata e mate o monstro, quer se precipite na direção de sua própria ruína, ou assuma orgulhoso seu papel de rebelde contra forças superiores, é mediante a escolha e o exercício do livre arbítrio que o herói afirma sua índole heróica.

Glorificamos no herói a epifania da ação, embora o código heróico seja freqüentemente associado à guerra e à violência, situações às quais, via de regra, desprezamos. É à subversão desse modelo heróico – na verdade a subversão à própria noção de modelo, enfatiza Brombert – que se dedica uma tendência da literatura contemporânea.

Talvez o jogo entre heroificação e monstruosidade seja o aspecto mais direta e surpreendentemente percebido no conto de Borges como o é, também, num dos trabalhos de Cortázar (disparado pelo peronismo, talvez): irmanam-se pela surpreendente criação de um mesmo recurso, numa mesma época, dois escritores cujas expectativas políticas não poderiam ser mais radicalmente distintas. Subvertem o modelo do heróico e aproximam-se, nessa perspectiva, dos oralistas que – longe de serem minoria, mas também distantes de serem portadores de um ponto de vista hegemônico – fincam a importância da história oral no terreno da reabilitação de misérias, de periferias, de vencidos. Não é essa, certamente, a perspectiva dos que, como nós, vêem vencidos e vencedores como faces de uma mesma moeda (talvez a moeda já gasta da qual nos falava Nietzsche); periferias e centros em constante mutação e diálogo; misérias e riquezas em nefasta simbiose; e as identidades, todas, em permanente configuração e reconfiguração a depender dos olhos que as olham.

Há que ressaltar, porém, essa possibilidade da história oral – esse, ao fim e ao cabo –, tema que nutre nosso ensaio: Seu Nivaldo excluído transmuta-se em Seu Nivaldo incluído. Ressaltamos sua monstruosidade como estratégia de heroificação, para desvelar aprisionamentos e circunscrever uma história do que por muito tempo foi interdito, vergonha, medo. Um monstro que questiona o herói que pretendemos ser, o modelo que desejamos copiar e assim, pretendendo e desejando, monstro que heroificado nos torna monstruosos; herói desconstruído que permite a heroificação-salvação que muitos buscam (não serviria a ciência para minimizar a miséria das almas?).

O jogo entre o igual e o diferente, o que eu sou e quem é o outro, é continuamente exercitado e as fronteiras que estabelecem a vida em segurança são bem delineadas, ainda que móveis, pois estabelecidas segundo certos olhares, contextos e situações. As zonas fronteiriças são tênues, nelas há sempre a névoa que obriga brotar a cautela, o nevoeiro que pressupõe a beira do abismo; mas a fronteira a partir da qual estabeleço quem é o marginal, quem não sou eu, é incrível e profundamente bem demarcada, o abismo é tenebrosamente profundo. Assim é a vida de Seu Nivaldo.

Apartado da vida "normal" por conta de uma internação compulsória incisivamente aplicada por força de lei, é posto à margem onde estão os outros que não sou eu, para onde afasto o que não quero ser e o motivo pelo qual crio meus monstros e toda minha cultura cria seus monstros. Negam a Seu Nivaldo os direitos civis usuais da sociedade dita normal e forçam-no a viver numa cópia-marginal daquela mesma sociedade, para onde os valores de um tipo de vida são transferidos, agora entre os que sofrem a mesma exclusão.

Reproduzidos os cenários sociais (que em tudo são similares aos da vida fora do sanatório) são também reproduzidas as condições de existência em todos os seus detalhes. Aqueles excluídos porque diferentes, quando incluídos entre iguais por padecerem da mesma exclusão, não mais são iguais: reproduzem a mesma coreografia das diferenciações

A EXPERIÊNCIA DO LABIRINTO 107

sociais a que estavam sujeitos no além-muro: a herança que os de fora dão aos que vivem no labirinto (para os de fora, os labirintos são outros). Nem a solidão de Astérion permite a ele ultrapassar esse ciclo de imposições e cerceamentos: ele próprio promove a diferenciação em relação aos outros, aos vulgos, aos que não são ele e vivem fora de sua casa, afirma poder incluir-se segundo seu desejo, pensa estar livre e ter opções. Ele, o equivocado filho da rainha.

> Aqui a gente era muito unido, mas sempre tem as diferenças. Tem gente que se acha superior ao outro... tinha essa diferença, sim. Só que quando a gente ia procurar essas pessoas porque estava precisando de alguma coisa, eles atendiam a gente. Mas para a diversão, aqui era tudo separado. Gente que tinha mais dinheiro, mais conforto... Eu chegava com aquela camisa xadrez, camisa ruim, rasgada, sem botão... Então, às vezes, eles não aceitavam a gente ali, na festinha. Às vezes não aceitavam porque não sabia conversar. Delegado, prefeito, advogado (tudo doente), e porque tinham esse poder, tinham também um clube de carteado separado. A gente tinha carteado também, mas a gente não podia apostar porque não tinha dinheiro. Era tudo separado. A comida deles também. Era tudo feito em casa.

As comunidades que forçosamente os leprosários constituíam têm elementos que demandam um estudo de natureza sociológica. Norbert Elias pode nos auxiliar a entender essas relações de interdependência entre os membros de uma comunidade (ao que chama, *grosso modo*, de abordagem figuracional) e os diferenciais de poder que são estabelecidos na vida comunitária cotidiana. Em relação a esse tema, *Os estabelecidos e os outsiders* é uma obra de referência. Ao mesmo tempo que ela nos dá elementos de aproximação com as comunidades dos sanatórios, ela nos indica claramente que o estudo dessas comunidades específicas (às quais Elias chama de "comunidades substitutas" em relação às "comunidades") não pode ser compreendido a partir do mesmo sistema que permite compreender as comunidades mais usuais, aquelas "organizações de criadores de lares, unidades residenciais como os bairros urbanos, os vilarejos, as aldeias, os conjuntos habitacionais ou os grupos de barracas de acampamento".

Ainda que o Sanatório Aymorés reproduza as condições de vida "normais" da comunidade a sua volta (no caso a da cidade de Bauru, município de pequeno porte nas décadas mais remotas que Seu Nivaldo descreve em seu depoimento), com seu clube, casario, restaurantes, espaços de lazer, lojas e fábricas, há elementos singulares nessa configuração: a comunidade do sanatório é constituída pela interdependência entre indivíduos, todos eles *outsiders*, alheios – pelo estigma da lepra – dos demais cidadãos estabelecidos no além-parlatório.

Winston Parva é uma pequena comunidade constituída por três núcleos no subúrbio de uma cidade industrial na região central da Inglaterra. Os estudos de Elias e Scotson sobre essa comunidade foram realizados ao final dos anos 50 e o povoado – com um "bairro" antigo e dois "bairros" mais recentes – foi fascinando cada vez mais os autores, sobretudo à medida que perceberam, "pouco a pouco, que [alguns dos problemas de Winston Parva] tinham um caráter paradigmático: lançavam luz sobre problemas comumente encontrados, em escala muito maior, na sociedade como um todo". Detectaram-se dois grupos bastante bem caracterizados no povoado: os estabelecidos no núcleo mais antigo e aquele dos *outsiders*, residentes nos bairros "novos".

O *establishment* designa – segundo a interessante apresentação de Federico Neiburg ao livro – grupos e indivíduos que ocupam posições de prestígio e poder.

> Um *establishment* é um grupo que se autopercebe e que é reconhecido como uma "boa sociedade", mais poderosa e melhor, uma identidade social construída a partir de uma combinação singular de tradição, autoridade e influência: os *established* fundam seu poder no fato de serem um modelo moral para os outros. Na língua inglesa, o termo que completa a relação é *outsiders*, os não membros da "boa sociedade", os que estão fora dela. Trata-se de um conjunto heterogêneo e difuso de pessoas unidas por laços sociais menos intensos do que aqueles que unem os *established*. A identidade social destes últimos é a de um grupo. Eles possuem um substantivo abstrato que os define como um coletivo: são o *establishment*. Os *outsiders*, ao contrário, existem sempre no plural, não constituindo propriamente um grupo social.

A EXPERIÊNCIA DO LABIRINTO **109**

Como, em Winston Parva, essa caracterização tão bem estabelecida surge e é reproduzida? Que estratégias o grupo dominante coloca em prática para ser, efetivamente, o grupo dos estabelecidos? Notemos como elemento singular que em vários aspectos os indivíduos que compõem o povoado é homogênea: "os dois grupos", afirma Elias,

> não diferiam quanto à classe social, nacionalidade, ascendência étnica ou racial, credo religioso ou nível de instrução. A principal diferença entre os dois grupos era exatamente esta: um deles era o grupo dos antigos residentes, estabelecido naquela área havia duas ou três gerações, e o outro era composto de recém-chegados. A expressão sociológica desse fato era uma diferença acentuada na coesão dos dois grupos. Um era estreitamente integrado, o outro não.

Os *outsiders*, sejam de Wisnton Parva sejam de qualquer outro local, são vistos como anômicos, e o contato com eles é, de forma geral, visto como desagradável. São vetores potenciais de uma "infecção anômica" que o grupo dos estabelecidos pretende e julga dever a todo custo evitar. Os estigmas de inferioridade, com os quais os estabelecidos caracterizam os *outsiders* e são manifestados na forma de humilhação, servem para a manutenção dessa relação entre os de um grupo e os de outro, servem como diferencial de poder que manterá, por fim, os diferenciais de coesão entre ambos os grupos.[20]

Ainda que essa caracterização entre estabelecidos e *outsiders* possa ser aplicada para entender o esforço de afastamento dos excluídos e o poder que mantém coesos os incluídos numa comunidade mais

---

20 "os sintomas de inferioridade humana que os grupos estabelecidos muito poderosos mais tendem a identificar nos grupos *outsiders* de baixo poder e que servem para seus membros como justificação de seu *status* elevado e prova de seu valor superior costumam ser gerados nos membros do grupo inferior – inferior em termos de sua relação de forças – pelas próprias condições de sua posição de *outsiders* e pela humilhação e opressão que lhe são concomitantes. [...] O sentimento difundido de que o contato com os membros dos grupos *outsiders* contamina, observado nos grupos estabelecidos, refere-se à contaminação pela anomia e pela sujeira, misturadas numa coisa só."

110 ANTONIO VICENTE MARAFIOTI GARNICA

"usual",[21] e ainda que possamos fazer uso dela para compreender a relação entre a comunidade do sanatório (entendido como um bairro) e os demais núcleos urbanos (em que pesem a diferenciação de uma estigmatização e infecção "reais", o que acrescentaria muito em termos analíticos), ela precisa ser revista, se desejamos analisar "figuracionalmente" a comunidade do sanatório. Talvez cotejar as situações em termos de convergências e divergências possa ser um primeiro modelo de método.

Embora haja diferenciações usuais entre os indivíduos daquela comunidade (Seu Nivaldo fala de advogados, médicos, delegados, professores, dos que moram em – e até adquirem – casas ao mesmo tempo em que fala de uma massa amorfa de trabalhadores e residentes em pavilhões, vivenciando condições precárias de higiene; fala de mesas de carteado a dinheiro ao mesmo tempo em que fala de restaurantes para os mais e menos necessitados, por exemplo), as condições do sanatório parecem reproduzir o sistema de valor disparado pelo poder econômico, mesmo que todos os membros daquela comunidade sejam *outsiders,* se comparados com os estabelecidos sãos. A igualdade de condição que a lepra (e, conseqüentemente, as políticas do Departamento de Profilaxia da Lepra) impõe é um parâmetro desprezado na comunidade que compartilha, nesse sentido, as mesmas mazelas.

Iguais em desgraça, a diferenciação entre esses iguais impõe-se, dentro dessa comunidade, pelos valores que vigoram fora dela e pelos quais um grupo de estabelecidos pode configurar-se (a riqueza, o "poderio militar", o maior conhecimento são diferenciações usuais em comunidades "homogêneas"). Nesse sentido, há uma estreita sincronia entre o Sanatório Aymorés e Winston Parva: por mais que haja condições que possam promover uma homogeneização em termos de diferenciais de poder, há uma busca de referenciais para que essa homogeneização não ocorra. Em Winston Parva recorre-se ao

---

21 O próprio Elias tece comentários acerca da necessidade de estabelecer outros parâmetros para estudar, por exemplo, as cidades-dormitório que se diferenciam das comunidades usuais das residências familiares.

critério da antiguidade; no Sanatório, ao *status* que provém do poder econômico e o que ele traz como conseqüência. É interessante notar que não há possibilidade alguma de mobilidade social no Sanatório. A situação de estabelecido impõe-se fatalmente, logo de início, e não há por que tentar mantê-la ferozmente. Em ordens sociais de extrema mobilidade – afirma Elias – "é comum que as pessoas sejam extremamente sensíveis em relação a tudo o que possa ameaçar sua posição. É comum que elas desenvolvam angústias ligadas ao *status*".

A cristalização *a priori* das diferenciações entre estabelecidos e *outsiders*, no sanatório, pode explicar (tanto quanto o filtro seletivo da memória poderia), por exemplo, a narrativa livre de angústias e ressentimentos de Seu Nivaldo, embora seu relato aponte com muita clareza a "hierarquia classificatória" ou a "ordem de *status*" da comunidade à qual pertencia. Os personagens amorfos, os vulgos do sanatório, são retratados como transitando de modo não-sacralizado pelos tabus compartilhados e entre os comedimentos característicos da vida dos estabelecidos (os apelos de uma certa "união de sensibilidades" que subjaz a todas as suas diferenças). Registram-se esses "inferiores", no depoimento de Seu Nivaldo, como subversores da ordem imposta por Salles Gomes: tentam a fuga como Seu Nivaldo tentou (mas ante sua dupla condição de *outsider* – dentro e fora do Sanatório – retornam cândidos para o tratamento ou retornam forçosamente, capturados por camburões negros) e são presos uma, duas, três vezes.

A tentação de compreender um pouco melhor a comunidade do sanatório que, *in extremis*, delimita geograficamente a vida de Seu Nivaldo, nos levou à sociologia e nos distanciou um pouco do itinerário que pretendíamos seguir. Talvez isso não indique uma limitação, mas uma potencialidade da forma de análise que nos propusemos como exercício. Uma análise que seja, em essência, rizomática, cada fio do rizoma permitindo compreensões, cada trama permitindo novas justaposições que não necessariamente impliquem algum florescimento definitivo.

Tanto quanto a imagem do rizoma já em princípio declara, defendemos a essência caótica de toda e qualquer análise, seja em suas motivações, seja em seu desenvolvimento, seja em suas conclusões. Há, por certo, princípios. E princípios são termos inegociáveis: há que tentar um registro comunicável tanto do analisado quanto da análise; há que compartilhar – tornando públicas – as estratégias e táticas que nos levaram à construção das compreensões que foram possíveis naquele tempo e lugar, à luz dos instrumentais que – circunstancialmente ou não – foram surgindo no correr do processo; há que ressaltar a potencialidade infinita de qualquer forma de apreensão do "objeto" estudado e, portanto, defender um processo que é essencialmente inacabado; há que negar de forma veemente a existência de uma configuração linear prévia para o que se chama análise ainda que seu registro (limitado freqüentemente pelas imposições da escrita e visando àquela comunicabilidade – mesmo que sempre relativa – inteligível da experiência que proverá de certa organização o caótico do vivido) nos leve a fazer concessões; há que dessacralizar as motivações para as análises (que nunca surgem particularizada e organizadamente) e subverter as formas extremamente academicistas e positivistas que relegam a um limbo de ilegitimidade todas as intenções que escapam de seu domínio de prescrições; há que permitir a ebulição de várias referências sem categorizá-las *a priori* como nobres ou expúrias: há que defender o princípio rizomático (e portanto "caótico") de qualquer análise ainda que as circunstâncias e as exigências de exposição tentem nos impor formas canônicas de ação.

Conceber a análise como rizomática é aceitar a possibilidade de seguir todas as possibilidades de interpretação que cada um dos fios do rizoma permite entrever. É assim que num mesmo cenário surgem os aspectos sociológicos, antropológicos, culturais, literários, pictóricos; surgem monstros, mitos, doenças, autores consagrados e desconhecidos, crimes e castigos, metáforas, ansiedades, angústias, referências sagradas e profanas... e é exatamente por considerar a análise revestida

A EXPERIÊNCIA DO LABIRINTO 113

por esse caráter rizomático que toda essa pluralidade de aspectos – essa diversidade quase carnavalesca, para adiantarmo-nos às críticas – deve ser respeitada. Em última instância, defendemos, é nesse caótico de referências e percepções que as compreensões vão se constituindo, nutridas inicialmente – no caso das investigações em história oral – pelos depoimentos que disparam todo esse processo cujo registro e comunicação espelharão esse caótico tão mais plenamente quanto for potente, o estilo daquele que pesquisa. Talvez seja a isso que Bolívar faça referência quando aponta a possibilidade de uma análise narrativa de uma investigação biográfico-narrativa em Educação.

Com a virada hermenêutica nas ciências sociais, quando as experiências humanas e o próprio mundo em seus diversos aspectos passam a ser vistos como textos[22] e, portanto, passíveis de interpretação, percebe-se a necessidade de diferentes instrumentos e estratégias metodológicas para dar conta dessas leituras do mundo.

Naturalmente essas estratégias e instrumentos encontram referência em parâmetros anteriormente fundados (e talvez aqui encontremos uma justificativa mais assentada para aquela investida na hermenêutica do início deste nosso ensaio). Compreender o mundo, interpretando-o como a um texto, implica reconhecer como forma legítima de intervenção a coleta e análise de dados biográficos e narrativos – textos particulares, enunciados por indivíduos particulares – a partir dos quais todo um exame se inicia. Implica considerarmos as narrativas como portas de entrada no círculo hermenêutico, e implica, por fim, reconhecermos a narrativa do outro como forma de constituição desse outro e como possibilidade de compreensão e de constituição de nós próprios, a partir das experiências que nem sempre se constituem racionalmente (tal é a importância de aceitar, nesse processo de exame hermenêutico, as mais diversas e diferenciadas referências).

Por "narrativa", Bolívar entende a experiência estruturada como relato, como um "contar". Como enfoque para pesquisa, as narrativas são

---

22 Ou melhor dizendo: quando essas formas de ver o mundo começam a se espraiar pelo campo investigativo "científico" e a conquistar maior legitimidade e mais adeptos.

114 ANTONIO VICENTE MARAFIOTI GARNICA

vistas como forma de construir sentidos (um sentido para o si-próprio – aquele que narra, narra-se ao mesmo tempo em que narra algo –; um sentido para o que é narrado – visto que a comunicação da experiência é um esforço humano, embora sempre frustrado em seu objetivo de comunicar plenamente – etc.), a partir de ações cravadas no tempo, usando a descrição sobre algo, alguém ou sobre si próprio (biografia).

"Trama argumentativa, seqüência temporal, personagens, situação, são constitutivos da narrativa", afirma Bolívar. Narrar a vida em um auto-relato é um meio de inventar o próprio eu, de dar-lhe identidade (uma identidade narrativa).

O objeto da narrativa – dizia Bruner – são as vicissitudes das intenções humanas. Como modo de conhecimento, o relato capta a riqueza de detalhes e dos significados nos assuntos humanos (motivações, desejos, sentimentos ou propósitos) que não podem ser expressos em enunciados factuais ou proposições abstratas como faz o raciocínio lógico-formal. [...] A investigação biográfica (a *life-history*) e especialmente a investigação narrativa (*narrative inquiry*) comportam um enfoque específico de investigação com credibilidade e legitimidade próprias para construir conhecimento em Educação. Exigem, porém, um modo distinto do paradigma qualitativo convencional, sem se limitar a uma metodologia de coleta e análise de dados.

Mas a narrativa não é mero aspecto de um método possível: é uma forma de construir realidade e, por esse motivo, a metodologia assenta-se, diria Bolívar, em uma ontologia.

A narrativa é essencial para as práticas de pesquisa, pois a individualidade não pode ser explicada unicamente por referenciais externos. A subjetividade é uma condição necessária do conhecimento social. E a narrativa não só expressa importantes dimensões acerca da experiência vivida, como, mais radicalmente, é mediadora da própria experiência e configura a construção social da realidade. Paul Ricoeur é chamado à cena para reforçar essa idéia: para ele, a ação significativa é um texto a interpretar, e todo o tempo humano articula-se de um modo narrativo: narrativas de depoentes e narrativas de investigadores fundem-se de modo produtivo para compreender a realidade social.

A EXPERIÊNCIA DO LABIRINTO 115

Se o positivismo implantou a correlação entre despersonalização e objetividade, a investigação narrativa vem justamente negar esse pressuposto: os colaboradores depoentes falam de si mesmos, negando o silenciar da subjetividade. Bolívar reconhece dois modos de conhecer "cientificamente": o modo paradigmático de conhecer e pensar, de acordo com a tradição lógico-científica herdada, que se expressa em um conjunto proposicional, usualmente normado por regras, máximas e princípios descritivos; e o modo narrativo, que se caracteriza por apresentar a experiência concreta humana como uma descrição das intenções, mediante uma seqüência de eventos em tempos e lugares, na qual os relatos biográfico-narrativos são os meios privilegiados de conhecimento e investigação.

O método narrativo de conhecimento parte do princípio de que as ações humanas são únicas e irrepetíveis. Sua riqueza de matizes não pode, então, ser exibida em direções, categorias ou proposições abstratas. Se o pensamento paradigmático se expressa em conceitos, o narrativo o faz por descrições anedóticas de incidentes particulares, na forma de relatos que permitem compreender como os humanos dão sentido ao que fazem. A oposição estabelecida entre o modo paradigmático e o narrativo não implica que advoguemos por uma dicotomia que ressuscita o velho dualismo entre as Naturwissenschaften e as Geisteswissenchaften. Tais modos são, segundo Bruner, complementares.

Essa diferenciação não é de todo desconhecida daqueles que se ocupam de discutir "metodologia", e já há um significativo contingente de pesquisas em educação matemática que discute essa diferenciação, optando por afastar-se do modelo que Bolívar chama paradigmático. Tais pesquisas negam, em termos gerais, a existência de categorias prévias, aristotélicas, a partir das quais todas as informações coletadas são classificadas. Esse modo paradigmático estreito – o que procede pela identificação de recortes dos depoimentos que se inscreveriam numa ou noutra categoria *aprioristicamente* defendida por uma ou outra instância teórica rigidamente fixada – tem sido atribuído às posturas não-qualitativas, via de regra. O texto de Bolívar, nesse ponto, insiste num aspecto que julgamos interessante: também em alguns modos

116 ANTONIO VICENTE MARAFIOTI GARNICA

qualitativos de conduzir pesquisa há certa tendência em detectar categorias, embora de modo distinto desse paradigmático estrito. Lembremos, por exemplo, das investigações conduzidas qualitativamente sob parâmetros fenomenológicos. Há, nesse modelo, a intenção de estabelecer categorias chamadas abertas – pois permitidas pelos depoimentos e, portanto, determinadas em processo, ao contrário daquelas quase que arbitrariamente fixadas no princípio da trama de análise. Também fugindo dos parâmetros positivistas, a fenomenologia indica a necessidade de momentos de análise de individuais e de gerais (chamados ideográfico e nomotético, respectivamente). Bolívar resume essas diferentes apropriações paradigmáticas:

> É importante notar que o raciocínio paradigmático é comum nos desenhos quantitativos e qualitativos de pesquisa. Nos desenhos quantitativos, as categorias são selecionadas previamente de tal forma que, de antemão, determina-se quais dimensões ou sucessos são instâncias de uma determinada categoria de interesse, além de determinar de antemão a quantidade e o grau de satisfação. Por contraste, nos desenhos qualitativos, coloca-se ênfase na construção ou geração indutiva de categorias que permitam configurar uma identidade categorial e uma classificação dos dados recolhidos. A maioria das análises qualitativas consiste em um processo recursivo entre os dados e a emergência de definições categoriais, mediante um processo que produz classificações, organizando os dados de acordo com um conjunto especificado e seletivo de dimensões comuns. Desse modo, não diferem, nesse aspecto, das chamadas análises quantitativas, só que agora as categorias não estão predeterminadas, são induzidas ou emergem dos dados.

O que é próprio do modo paradigmático, então, é a ordenação das experiências de um modo tal que produza uma rede de conceitos que agrupem elementos comuns, mediante categorias com algum grau de abstração. O que caracteriza uma análise como qualitativa não é o modo de coleta de dados, mas, ao fim e ao cabo, o modo como a análise é implementada ou como são utilizados ou concebidos os modos com que "representam" as compreensões e a forma distinta com que fazem uma determinada teoria surgir.

A EXPERIÊNCIA DO LABIRINTO   117

Conseqüentemente, fincando o método biográfico-narrativo no solo das pesquisas de natureza qualitativa, podem-se – ainda segundo Bolívar – determinar dois tipos de investigações "narrativas": um tipo paradigmático e um tipo propriamente narrativo.

A análise paradigmática de dados narrativos consiste de estudos baseados em narrativas, história oral ou de vida, mas cuja análise (normalmente chamada de qualitativa) procede por tipologias paradigmáticas, taxonomias ou categorias, para chegar a determinadas generalizações do grupo estudado. Esse modo paradigmático consiste, em suma, em buscar temas comuns ou agrupamentos conceituais em um conjunto de narrações recolhidas como dados de base ou de campo.

Análise Narrativa, propriamente dita, são estudos baseados em casos particulares, mas cuja análise (narrativa, em sentido estrito) produz a narração de uma trama ou argumento mediante um relato narrativo que torne os dados significativos. Aqui não se buscam elementos comuns, mas elementos singulares que configuram a história. O resultado de uma análise de narrativas é, por sua vez, uma narração particular que não aspira a generalizações. A tarefa do pesquisador, nesse tipo de análise, é configurar os elementos dos dados em uma história que unifique e dê significado aos dados, com a finalidade de expressar, de modo autêntico, a vida individual, sem manipular a voz dos participantes. A análise exige que o pesquisador desenvolva uma trama ou argumento que permita a união temporal ou temática dos elementos recolhidos, dando uma resposta compreensiva do "porquê" algo aconteceu. Os dados podem proceder de fontes muito diversas, mas o que se espera é que esses dados sejam integrados e interpretados numa intriga narrativa. O objetivo último é, nesse caso, diferentemente do modo paradigmático, revelar o caráter único de um caso individual e proporcionar uma compreensão de sua complexidade particular ou sua idiossincrasia.

Partindo do pressuposto de que os depoimentos coletados nas pesquisas conduzidas sob os parâmetros da história oral (que se incluem, obviamente, no que Bolívar chama de investigação biográfico-narrativa) devem ser analisados (entendendo análise aqui não como julgamento, mas como um esquadrinhar de perspectivas para compreensões), visando à ultrapassagem do discurso êmico[23] dos depoentes para um discurso ético do pesquisador (o que, no mais, é a perspectiva assumida nas várias abordagens qualitativas de investigação), é importante ressaltar algumas dimensões desse modo narrativo de apresentar as pesquisas desenvolvidas a partir de narrativas, pois "a maior parte dos escritos acadêmicos", nos lembra Bolívar citando McEwan, "pode ser considerada como um esforço de sufocar o impulso de relatar uma narrativa e, por sua vez, as pautas da composição acadêmica tendem a favorecer os escritos não narrativos sobre os relatos diretos, agindo segundo o ideal científico que identifica a objetividade à distância entre o científico e seu objeto de estudo".

O modo narrativo de apresentar uma investigação biográfico-narrativa é, segundo pensamos, o que tornaria ainda mais clara a natureza da investigação e as concepções do investigador. Trata-se, porém, de um critério excessivamente pesado, se imposto como norma, pois dependerá substancialmente do estilo de composição do que se poderia chamar de "relatório final", texto – via de regra escrito – cuja intenção é comunicar os "achados" (para evitarmos o termo "conclusões") da pesquisa.

Nossa formação excessivamente positivista, nossa pobre formação "humanista", a ingenuidade e precariedade de nossa formação cultural tendem a ser um grave limitador – um impedimento – nessas tentativas de criação quase literária, ficcional, do "relatório final" da pesquisa. Talvez por isso, parte significativa dos trabalhos em história oral recor-

---

23 Emic (no português poderia ser ÊMICO – um sufixo como em "endÊMICO") é relativo aos sujeitos da pesquisa (por exemplo, o que os sujeitos falam, como falam, é uma enunciação ou discurso êmico). Etic (também um sufixo como em fonÉTICA, mas que não está, em princípio, vinculado à Ética como disciplina filosófica) trata do discurso dos pesquisadores, das análises ou construções textuais feitas a partir dos discursos "êmicos". FonÉTICA, por exemplo, é um discurso dos lingüistas sobre o modo de falar ("fono") das pessoas (que poderíamos chamar "fonêmico").

ra a modelos mais qualitativo-paradigmáticos (segundo Bolívar). Na sociologia há o "fichamento temático", forma recorrente pela qual os depoimentos coletados são organizados, uma forma de explicitação de "tendências" (essas as "categorias abertas" resultantes do trabalho com os depoimentos). Nos trabalhos realizados na interface história oral e educação matemática, a maioria recorre a essas tendências, conjunto de percepções que organizam os depoimentos e explicitam o sentido dado a eles pelo pesquisador. Muitas vezes tais tendências seguem exemplificadas com frases extraídas dos próprios depoimentos (às vezes como forma de evidência, prova; às vezes como recurso que ajuda a tornar públicas as estratégias e perspectivas que tornaram possível, ao pesquisador, o surgimento de tais tendências), mas, de qualquer modo, os trabalhos valem-se do recurso da detecção de "tendências" até mesmo quando negando a viabilidade ou necessidade de uma análise. Uma exceção nesse panorama é a tese de doutoramento de Carlos Roberto Vianna, um trabalho exemplar de como a forma de composição do relatório traz, em si, todas as perspectivas e concepções do pesquisador quanto à história oral, quanto à análise e, ao mesmo tempo, permite ao leitor embrenhar-se, por si próprio, no tema da pesquisa.

O trabalho de Vianna, apresentado à Faculdade de Educação da Universidade de São Paulo, tem aspectos extremamente inovadores, quer seja se comparado ao estilo das teses "clássicas" de doutorado quer seja quanto, no âmbito da educação matemática, ao método utilizado. Já na introdução manifesta-se a opção do autor por um estilo, no mínimo, "alternativo". Inspirado no *Cidades invisíveis*, de Ítalo Calvino, é Marco Polo quem introduz o trabalho em cuja trama esse dado será apenas o primeiro dentre os muitos estranhamentos sugeridos ao leitor. E é Marco Polo quem faz a afirmação que, de certo modo, regerá as iniciativas do autor:

> Acredito que as vidas dessas pessoas são mais importantes do que as matemáticas de que elas falam, mas vida é exatamente o que eu não tenho,

120 ANTONIO VICENTE MARAFIOTI GARNICA

e podem acusar no meu julgamento apenas um reflexo do desejo. Ainda assim, eis minha mensagem: as vidas é que importam.

Concordando com o veneziano ("tenho de concordar com o Marco Polo: nesse trabalho o mais importante são as vidas, e todo o resto são apenas circunstâncias"), Vianna segue seu estilo peculiar mesclando depoimentos, pequenos textos e o que poderíamos chamar de "registros de leituras conjuntas". Esse recurso de registrar as sessões, em que o trabalho foi lido e discutido por convidados, causa um outro estranhamento ao leitor. Dentre os vários convidados para essas sessões, quatro são professores universitários que realizaram uma leitura preliminar da tese, tendo se reunido sem a presença do autor e do orientador, sendo que as discussões desses quatro professores alinhavam, até onde se pode perceber, uma crítica às intenções de Vianna e certos pressupostos que – crêem esses leitores "experimentais" – foram por ele negligenciados, precisando ser mais elaborados e explícitos: os leitores do experimento, portanto, dialogam com o texto, em idas e vindas, concordâncias e discordâncias, sugerindo continuidades, complementações, apontando falhas e revendo-as continuamente. Funcionam, propriamente, como *médium* de um diálogo entre autor e leitor ou, como se poderá perceber depois de boa parte da leitura ter sido realizada, muitas vezes, como a explicitação do diálogo interno do autor consigo mesmo. São nesses jogos entre leitores e autores – e nos textos que desses jogos resultam – que os fundantes da metodologia são apresentados.

Há nisso um contínuo jogo entre realidade e ficção que, se aqui desvendado, pode inibir a participação de outros leitores – secundários ou *outsiders*, não os aqui chamados "experimentais" – na trama da composição.[24] Esse jogo da composição e suas regras – que

---

24 Nesse ponto manifesta-se um conflito: como pode um leitor "*outsider*" – aquele que lê o trabalho, em sua versão escrita, já terminado –, como nós, que pretendemos resenhá-lo, desenvolver a crítica, compactuando com sua forma? A mera explicitação seria definitiva para truncar intenção e realização. Negligenciar aspectos dessa realização, por outro lado, impede a clareza da crítica. Vamos, então, no compasso sugerido por Derrida: um texto só é um texto se oculta, ao primeiro olhar, a lei de sua composição e a regra de seu jogo. Optamos aqui por um mostrar que retenha mistérios.

A EXPERIÊNCIA DO LABIRINTO 121

constituem o estilo inusitado do autor e, até diríamos, sua intenção de tese – remete-se, como poderemos ver na sessão de "notas" ao trabalho, ao *Se um viajante numa noite de inverno*, de Ítalo Calvino e "[à] idéia de Bakhtin de que, na construção de um texto, e na de um texto científico em particular, atuam muitas vozes". Pode-se afirmar que, tematizando utopias e preconceitos, o estilo com que o trabalho é apresentado, distanciando-se das normas acadêmicas em vigor, tem como função possibilitar a manifestação de preconceitos que, por sua vez, dariam ao autor a possibilidade de exemplificar e/ou reforçar e/ou defender algumas de suas utopias.

As opções metodológicas, embora visíveis a cada momento da leitura (mais ainda quando uma boa parte dessa leitura já foi realizada), não estão sistematizadas ou fundamentadas de modo explícito, seguindo os parâmetros ditos "acadêmicos" tidos como padrão, mas espalhadas pelo *corpus* do texto. Não se trata, porém, de uma negligência do autor, mas de uma opção (o que chamaríamos "estilo").

É necessário, também aqui, um recorte, se pretendemos compreender a metodologia utilizada: aos leitores experimentais, além do material das entrevistas, surgiam leituras adicionais. Tratando o trabalho de relatar o mais minuciosamente possível essa assembléia de leitores experimentais, além das entrevistas, todos os textos complementares estão disponíveis ao leitor *outsider*, na mesma seqüência em que foram disponibilizados aos experimentais. Assim, a seu modo, o autor (ou o que, até certo ponto pensamos ser a assembléia de leitores experimentais) apresenta as entrevistas e os textos adicionais mesclados a diálogos entre esses leitores experimentais. Curtíssimos trechos – que servem para elucidar detalhes das entrevistas –, de autoria explícita do autor, pontuam um momento ou outro. Em seqüência são apresentados os recortes relativos às utopias, à concepção de educação matemática e às resistências (temas centrais da pesquisa). Dos dois primeiros temas somente os excertos são enunciados. Ao terceiro, porém, um tratamento diferenciado é dado: apresentados os recortes nos quais os entrevistados se referem às resistências enfrentadas, segue uma sessão de discussão na qual o autor, dialogicamente, interage com os leitores experimentais. Nessa discussão, o tema "resistências" é

122 ANTONIO VICENTE MARAFIOTI GARNICA

enfocado – ainda que brevemente –, levantando concepções relativas a preconceitos e ações discriminatórias. A ausência de uma instância de exposição teórica, pelo menos explícita e sistemática, é defendida: "O meu grande problema", diz o autor,

> é não ter encontrado uma posição teórica que fosse aceitável sob o ponto de vista do que eu penso que seria academicamente aceitável. Vou buscar minha referência em Castoríadis quando ele faz reflexões sobre o racismo [...] [n]a afirmação de que a resistência que [eu] procurava estudar fazia parte da "natureza humana" [embora não haja nenhuma "natureza humana" envolvida na afirmação que ele faz] e, sendo assim, não haveria como lutar contra ela. [...] [e assim] a procura por um outro autor criaria um problema adicional.

Na maior parte do *corpus* desse trabalho de doutorado, porém, os pontos de vista que poderiam ser tomados como instâncias teóricas estão diluídos nos textos complementares e nas discussões entre os leitores experimentais. É, ressalte-se, uma trama fluida, cifrada, de argumentação que bem serve aos propósitos do autor de questionar a objetividade acadêmica e a unicidade dos significados e de advogar pela participação dos mecanismos de ficção nas pesquisas históricas.

As "Notas", incorporadas ao final do trabalho, trazem referências mais precisas, citando autores e obras com as quais o estilo do autor formou-se. Algumas observações (metodológicas ou de natureza teórica) são também esboçadas nessas "Notas". A elas seguem alguns roteiros de leitura (na verdade uma forma de exposição da bibliografia) apresentados por Marco Polo, que concluem o trabalho escrito, embora a proposta de "constituir-se sem excluir o outro" esteja, nele, somente iniciada. Há uma variedade enorme de pontos de vista que se espraiam pelas histórias de vida, além de inúmeras possibilidades de análises (ou leituras, como parece preferir o autor), a partir do material disponível. Vianna faz a opção por privilegiar as vidas e as circunstâncias, não análises e interpretações (ainda que parciais, subjetivas, incompletas, em-construção), mas, ainda assim, com seu estilo cifrado e fluido, lança luzes potentes à história da educação matemática no Brasil, ainda que o rompimento com os padrões academicamente estabelecidos cause perplexidade. Mais do que a sistematização da metodologia ou da exposição teórica, permanece, do trabalho, a ousadia do estilo, a criatividade da proposta, os *insights* das várias epígrafes e dos roteiros (literário, cinematográfico e pictórico) e todo o material coletado. Caberá ao leitor aceitar ou não o desafio das possíveis – mas nunca unívocas – interpretações.

Um "relatório final" de uma análise narrativa (seja numa abordagem narrativo-paradigmática ou "narrativo-narrativa") deve sintetizar um agregado de dados e apresentá-los como conjunto coerente, uno, não separadamente, em categorias. O resultado dessa integração narrativa é uma compreensão em retrospectiva, permitido por (e permitindo) um processo recursivo cujo movimento se dá a partir dos dados e rumo à emergência de uma trama argumentativa. O "relatório" é uma história que o pesquisador-escritor conta a si próprio, em primeiro lugar, depois a outras pessoas significativas até alcançar todo o público leitor. A investigação narrativa, segundo Bolívar

> é um processo complexo e reflexivo, de mutação dos textos do campo aos textos para o leitor. O investigador recria os textos de modo que o leitor possa experimentar as vidas ou acontecimentos narrados. Os discursos recolhidos no campo são, então, transformados em documentos públicos, de acordo com as pautas cambiantes que regem a comunidade científica em questão. O resultado não é, então, um relatório objetivo e neutro no qual as vozes aparecem silenciadas, tampouco uma mera transcrição de dados. Consiste em dar sentido aos dados e em haver representado o significado no contexto em que ocorreu: uma tarefa bem mais próxima a uma boa reportagem jornalista ou a um romance histórico. Esta forma de análise não significa nem arbitrariedade nem mera literatura. Nas próprias análises literárias podem ser distinguidas boas e nem tão boas análises.

O pesquisador converte-se naquele que constrói e conta a história (*researcher-storyteller*) por meio de um relato, no qual, de quando em vez, permite que sua própria voz seja ouvida. "Mas", continua Bolívar, "à medida que a narração quer ser realista, o pesquisador deve incluir evidências e argumentos que apóiem a plausibilidade da narração feita". Discordamos de Bolívar em relação a esse "mas". Não se trata, cremos, de usar os recortes apenas para apoiar e legitimar plausibilidades e evidências. O recorte, por vezes, facilita o trajeto entre depoimento e análise; possibilita que o pesquisador compartilhe com o leitor as tramas que guiaram sua interpretação. Assim, não é porque o pesquisador pretende que sua narração seja "realista" que os recortes "devem" ser usados. Pensamos que os recortes "podem" ser usados como forma de compartilhar compreensões e modos de produção, como um esforço de atribuir significado e permitir ao leitor que, tanto quanto possível, acompanhe os motivos, as táticas, a organização proposta pelo pesquisador-autor.

O sol da tarde bateu com força. Talvez esperassem um alinhavo, uma conclusão, um aviso de que o final se avizinhava.

– Acreditarás? – dirão com a face incendiada. – Depois de tantos monstros, autores, análises e histórias; tanta pretensa erudição, tanto caos... acabou assim?

5
CIRCUNSTÂNCIAS, CONTINGÊNCIAS, COMPLEMENTAÇÕES, CONVENIÊNCIAS

> *"'Tell it like it was´, runs a common American phrase. But this is neither so simple nor as easy as it sounds. What happened, what we recall, what we recover, what we relate, are often sadly different, and the answers to our questions may be both difficult to seek and painful to find."*
> (Bernard Lewis, History: remembered, recovered, invented)

Origens, acasos, encontros

Num texto recente, Antonio Carlos Carrera de Souza tece uma crítica à sociedade que "inventou 'origens' para tudo, obrigando a história dos homens a um longo exercício metafísico de negar sempre as evidências humanas, emotivas e sensuais das narrativas históricas". Definitivamente, não é buscar "origens" nossa intenção, posto que esse é um exercício tão inviável (exigiria retroceder sempre, e cada vez mais, alcançando – talvez para os mais crédulos – o momento em que se fez a Luz) quanto inútil. Relatar como tudo começou, então, suporia sempre um antes, com um antes e outro antes. Para que se tenha uma

126 ANTONIO VICENTE MARAFIOTI GARNICA

idéia de algumas das circunstâncias que fizeram este trabalho nascer e de como, em seus "inícios", foi sendo desenvolvido, fixemos um ponto de partida. Um ponto de partida arbitrário e uma ciranda de diferentes tempos.

Vicente conheceu Ivete que conheceu Ronaldo que conheceu Vicente que orientou Ivete. Ronaldo foi atropelado, amputou parte da perna e precisou de prótese. O Instituto Lauro de Souza Lima, em Bauru, faz próteses e é um centro de pesquisa muito conhecido. Ronaldo vai freqüentemente ao Instituto e, curioso, conhece a vizinhança. Vê igreja antiga, vê casa antiga, vê prédio em restauração e comenta com Ivete que comenta com Vicente. Ivete, curiosa, vai visitar a colônia antiga que fica próxima ao Instituto. Fica sabendo que foi um leprosário e que lá ainda vivem alguns hansenianos. Vicente, curioso, vai visitar a colônia, mas é barrado na portaria (é preciso autorização para entrar, é preciso autorização para pesquisar). "Quando voltar com a autorização", diz o porteiro, "peça para conversar com Seu Nivaldo, o historiador da colônia. Nivaldo Mercúrio". Havia, portanto, um historiador interessado em conhecer e estudar a colônia, que é um núcleo antigo próximo de onde hoje estão as instalações do Instituto de Pesquisa onde trabalha o conhecido dr. Opromolla, pai de Paula, aluna de Ivete, que agenda uma visita e nos apresenta Seu Nivaldo.

Paula e Seu Nivaldo nos levam a um passeio pela parte "urbana" da colônia cujo patrimônio Seu Nivaldo ajuda a recuperar, sob a coordenação do dr. Opromolla. Com alguma verba restauram aos poucos o antigo clube, seu salão de bailes, seu projetor de cinema, as salas que Seu Nivaldo vai abarrotando com os objetos dispersos, perdidos, enterrados, que ele resgata. São discos antigos, como são antigos os mobiliários, os documentos, os santos de barro, quadros e prontuários. Seu Nivaldo – eles nos contam – é um remanescente do tempo de internação compulsória que ainda vive no Instituto Lauro de Souza Lima, numa das casinhas da área próxima à igreja. Aceita dar depoimento sobre sua vida, mas antes nos leva à biblioteca do Instituto para assistirmos "os filmes" (em um dos filmes ele aparece como depoente; em outro, aparecem apenas seus pés para exibir sapatos especiais para pés deformados em conseqüência da doença).

A EXPERIÊNCIA DO LABIRINTO **127**

Mas há um trâmite demorado para podermos iniciar as entrevistas com Seu Nivaldo. É necessário um projeto específico e o preenchimento de formulários condizentes que tramitarão desde o comitê de ética interno ao Instituto até, se necessário, a esfera federal, o Ministério da Saúde. Desde a primeira visita a Seu Nivaldo até o momento do primeiro depoimento gravado foram mais de cinco meses. A aprovação finalmente chegou e Ivete e Vicente, tendo Paula como intermediária, marcaram a entrevista.

O encontro ocorreu em uma das salas (a maior) do clube do antigo Asilo Colônia Aymorés, exatamente a sala onde estavam, numa imponente estante em madeira escura (com um nítido "DPL" em entalhe), os discos e papéis que Seu Nivaldo coletava para o museu. Era 21 de junho de 2004. Conversamos com Seu Nivaldo das 13h30 às 15 horas, sentados à grande mesa (também de madeira escura, como a estante) e as enormes cadeiras. A entrevista foi registrada em fita cassete e em *minidisc*. Tínhamos um roteiro inicial ao qual Seu Nivaldo – que não passou pela escola e nos conta que "tem dificuldade de leitura" – não solicitou acesso prévio. Seu Nivaldo gosta muito de falar de sua história que se confunde com a história do Instituto que já foi Asilo Colônia, Sanatório e hoje é "Instituto de Pesquisa".

Agendamos uma segunda entrevista para o dia 23 do mesmo mês de junho. O encontro durou 45 minutos, das 13h35 às 14h40, e ocupamos a mesma sala do antigo clube, agora com bolo, pão de queijo e chá que levamos. Éramos quatro: Seu Nivaldo, Vicente, Ivete e Ronaldo (um outro Ronaldo, que até agora não havia entrado na história). Seu Nivaldo tomou chá, mas disse que só fazia aquilo por já nos ter como amigos (os copos de plástico eram frágeis demais para mãos que já perderam a sensibilidade. Com o rosto, ele verifica a umidade de uma parede, como alguns fazem às crianças com febre). Insistiu para conhecermos Seu Elias que nos levaria a um passeio mais completo pelos domínios da ex-colônia. O passeio foi agendado e no dia combinado fomos ao Instituto em três carros (um Ronaldo levou Seu Elias, Vicente levou Seu Nivaldo, Ivete levou o outro Ronaldo). Escapamos da área "urbana": passeamos pelas represas, conhecemos as casas que Seu Elias administra, reforma e aluga para arrecadar fundos para a Caixa do Instituto (a "Sociedade"); ganhamos alguns ladrilhos hidráulicos antigos que foram dispensados na troca dos pisos nas casas (e que servem, aqui, para separar os itens do ensaio), conhecemos as árvores de chalmugra, visitamos o cemitério e, novamente, a igreja, os antigos pavilhões, o campo de futebol e as praças (há duas praças, com árvores grandes, antigas: uma delas – a do coreto – defronte a igreja; a outra próxima ao campo de futebol onde os funcionários do atual Instituto organizam algumas festas).

Registro de visita ao Instituto Lauro de Souza Lima (da esquerda para a direita: Antonio Vicente Marafioti Garnica, Nivaldo Mercúrio, Ivete Maria Baraldi, Ronaldo Costa e Ronaldo Marcos Martins), no mirante do campo de futebol. 2004.

Terminadas as transcrições e a textualização dos depoimentos, voltamos ao Instituto para ler o texto final para Seu Nivaldo (familiarizados com o ambiente, já íamos e vínhamos com alguma liberdade, sem precisar dos agendamentos prévios). Ao final da leitura, fizemos mais perguntas a Seu Nivaldo (no período entre a segunda entrevista e esse encontro Ivete, havia descoberto o livro de Carlos Maranhão sobre a vida do escritor Marcos Rey. No livro o autor relata as condições de higiene dos sanatórios, um aspecto que não havíamos abordado nas entrevistas com Seu Nivaldo). Comemos pastéis de Belém e voltamos para Bauru pela alameda de eucaliptos que separa o Instituto e a área da colônia do pequeno distrito de Aymorés, por onde chegamos à estrada. Alguns dias depois, Vicente retorna ao Instituto mas não encontra Seu Nivaldo. Deixa com a secretária do dr. Opromolla duas camisetas-pólo em tom pastel (aparentemente, as preferidas de Seu Nivaldo). Terminadas as correções, Ivete organiza um pequeno volume com a textualização e algumas das várias fotos digitais feitas durante os nossos encontros (Seu Nivaldo já havia várias vezes enfatizado que aquele material "daria um livro". Já havia nos dado uma cópia xerox de artigo que fora publicado a partir de uma sua entrevista, com uma narrativa muito próxima – embora bastante editada – daquela que ele nos fez. Em todas as vezes que o encontrávamos, insistia para que levássemos fotos dele para copiar – sempre havia uma foto nova. Numa das visitas nos emprestou um romance espírita – *A extraordinária vida de Jésus Gonçalves*, sobre a vida de um hanseniano que passou pelo Asilo Colônia Aymorés na década de 1930. O livro estava em sua casa cuidadosamente embalado. Tudo o que fazíamos lá "bem que daria um livro").

Quando Ivete vai ao Instituto levar o material que elaborou com as fotografias e o texto das entrevistas já é janeiro de 2005. Encontra Seu Nivaldo aborrecido. Dois meses antes havia falecido o dr. Opromolla.

Não encontramos Seu Nivaldo desde então. É preciso visitá-lo. É preciso levar à biblioteca do Instituto uma cópia deste ensaio. É preciso rever Seu Nivaldo. E julho é tempo de morangos.

Histórias

> "Eu tenho à medida que designo – e este é o esplendor de se ter uma linguagem. Mas eu tenho muito mais à medida que não posso designar. A realidade é a matéria-prima, a linguagem é o modo como vou buscá-la – e como não acho. Mas é do buscar e não achar que nasce o que eu não conhecia, e que instantaneamente reconheço. A linguagem é meu esforço humano. Por destino tenho que ir buscar e por destino volto com as mãos vazias. Mas volto com o indizível.

130 ANTONIO VICENTE MARAFIOTI GARNICA

> *O indizível só me poderá ser dado com o fracasso da
> minha linguagem. Só quando falha a construção é
> que obtenho o que ela não conseguiu."*
> *(Clarice Lispector)*

Este ensaio foi pensado para ser um ensaio em História oral sobre história oral. E julgamos adequado justificar isso (depois, é preciso justificar também por que pensamos ser um ensaio em História oral e sobre história oral e educação matemática). Aliás, é preciso que defendamos o que pensamos ser história oral na eventualidade de isso não ter ainda ficado claro.

Em termos diretos, concebemos a história oral como um método de pesquisa qualitativa que não difere, em geral, dos demais métodos qualitativos: compartilha com eles alguns dos princípios mais essenciais e elementares, mas deles difere por ter, dentre suas expectativas iniciais, não somente amarrar compreensões a partir de descrições, mas constituir documentos "históricos", registros do outro, "textos provocados". Pode-se argumentar que essa prerrogativa é própria e natural às pesquisas que se valem de depoimentos: as narrativas dos depoentes – e isso é algo que julgo um princípio em qualquer investigação – devem estar integralmente disponíveis ao leitor que pode, se desejar, respeitados os termos impostos pelos depoentes, elaborar suas próprias análises. São, portanto, sempre, potenciais fontes históricas, cabendo a alguém aproveitá-las assim ou não. A diferenciação entre a história oral e as demais abordagens qualitativas de investigação, segundo cremos, está precisamente no fato de que a constituição de fontes é intencional – não incidental – e isso obriga os que se valem de tal método a defenderem uma concepção de história (e, conseqüentemente, de historiografia) que parametrize tanto os procedimentos para a constituição das fontes quanto os motivos e objetivos para constituí-la.

Uma primeira abordagem ao tema pode bem ser aquela dada por Daniel Quinn em seu livro *Ismael*.[1] Se a citamos aqui é para que ela

---

1   *Ismael* é um livro para jovens, mas pode (talvez deva) ser lido por todos. Conta a história de um gorila cujos ensinamentos a um humano, seu discípulo, inicia-se com o tema "cativeiro".

A EXPERIÊNCIA DO LABIRINTO 131

sirva de indício de que uma noção mais adequada de história, do que a do "estudo do passado", é possível e pode ser honestamente defendida junto a um público bastante diversificado. "Primeira definição: *história*. Uma história é um roteiro que inter-relaciona o homem, o mundo e os deuses", ensina o gorila Ismael. "Segunda definição: *encenar*. Encenar uma história é viver de modo a torná-la realidade. Em outras palavras, encenar uma história é esforçar-se para torná-la verdade", continua. "Terceira definição: *cultura*. A cultura de um povo é sua encenação de uma história." Essa abordagem inicial, por exemplo, posta em termos simples, mas que – talvez exatamente por isso – não deve ser negligenciada, já nos mostra uma vinculação visceral entre história e cultura, que será cada vez mais intensificada e defendida pelos teóricos atuais.

Para discutir a trajetória de significações atribuídas ao termo "história" (e, conseqüentemente, "historiografia"), partiremos de um ponto arbitrário numa longa cadeia de contribuições: Marc Bloch.

História, segundo Bloch – autor que não só para historiadores é uma referência obrigatória –, é o estudo dos homens, vivendo em comunidade, no tempo. Não acha possível defender a idéia de que a história é o estudo do passado, pois o passado, em si, não tem consistência ontológica, de modo a ser estudado "como" passado. É preciso a substância humana para que o passado venha a ser, de algum modo, ontologizado, com o que um discurso sobre ele seria possível. As concepções de Bloch – que junto a outros estudiosos cria, no início do século XX, a Escola dos *Annales* na então jovem Universidade de Estrasburgo – chocam-se contra uma concepção de história – aquela atribuída a Leopold von Ranke. A concepção rankiana de história pretendia inscrever a historiografia no cenário das disciplinas científicas que se implantavam desde o surgimento do positivismo, no século XIX.

Não é de estranhar, portanto, que uma tal concepção ainda hoje seja fortemente presente, nós que ainda vivemos sob um modelo positivista nas academias, malgrado todos os esforços para ultrapassá-lo.

A historiografia de Ranke concentra-se nos acontecimentos políticos e nas questões de Estado e nos destinos da humanidade que, conseqüentemente, são tramados pelos grandes homens do passado. A história

132 ANTONIO VICENTE MARAFIOTI GARNICA

reduz-se a um procedimento narrativo de acontecimentos cujas evidências podem e devem ser comprovadas por fontes primárias, reduzidas e nem sempre de fácil acesso. Havia uma ênfase, segundo Burke, "na necessidade de basear a história escrita em registros oficiais, emanados do governo e preservados em arquivos" que constituísse uma trajetória de negação às crônicas, narrativas não raras vezes ficcionais que dominavam a história até então (a instituição, portanto, da "tirania da história" segundo a perspectiva de Jolles, em seu *Formas Simples*). Trata-se do que se tem chamado de "uma história vista de cima", dado que a luz resplandece sobre os grandes feitos, e tanto as minorias quanto o homem comum são coadjuvantes cuja orientação provém dos grandes homens.

Há, porém, que ressaltar um fator aventado por Thompson. É necessário irmos além da atribuição da paternidade dessa abordagem rankiana para conhecer os entornos objetivos e ideológicos que favoreceram o surgimento e a proliferação de tal concepção, além de investigar quais estratégias permitem que ela se sustente até hoje. Deve-se compreender um contexto e uma época em que a figura do historiador profissional começava a ser constituída e, com isso, a necessidade de manter um *status* acadêmico que primava por uma individualização crescente e prezava a radical dissociação entre o mundo científico e a vida comum. Mas tal como ocorre em outras instâncias da experiência humana, há que ressaltar a mescla de posições que comumente convivem num mesmo espaço. Embora algumas idéias sejam projetadas ideologicamente de modo mais radical e, por isso, permaneçam vigendo por mais tempo e com mais força, a manutenção convive com a ruptura: Dewey conviveu com Torndike, assim como von Ranke foi contemporâneo de Michelet.[2]

---

2   Ellen Langemann, em seu *An Elusive Science*, mostra como as concepções antagônicas de educação – e conseqüentemente, de pesquisa em educação – de Dewey e Thorndike conviveram e como as teorias e práticas do segundo se impuseram às do primeiro, configurando o panorama educacional americano. Michelet, por sua vez, é historiador emblemático quanto à utilização de fontes alternativas na historiografia. Textos seus como *O povo*, por exemplo, valem-se fartamente dessas fontes para um registro histórico que é, em síntese, um modelo alternativo para a compreensão do mundo social.

A EXPERIÊNCIA DO LABIRINTO 133

É contra a posição rankiana que se aglutinam alguns estudiosos, muitos deles reunidos em Estrasburgo, numa universidade criada com o interesse precípuo de degermanizar a região da Alsácia-Lorena, reconquistada pelos franceses no início do século XX. Concentram-se, agora, na análise das estruturas que julgam essenciais para entender a dinâmica dos acontecimentos observados de um campo de visão amplo, da longa duração. O tempo é desacelerado, aos poucos as "idéias" vão aliando-se às relações sociais, disparando os acontecimentos que o historiador terá em mãos e com os quais elaborará uma "nova historiografia". Num ensaio sobre a história das mentalidades, Phillipe Ariès, um dos atuais representantes dessa História Nova, aponta como componentes-fundadores do movimento os franceses Lucien Febvre e Marc Bloch, o belga Henri Pirenne, geógrafos como A. Demangeon e sociólogos como Lévy-Bruhl e Halbwachs. E acrescenta:

> Todavia, embora fosse o mais bem organizado, o mais combativo, o grupo dos *Annales* não era o único. Cumpre acrescentar a ele personalidades independentes e solitárias que tiveram o mesmo papel pioneiro: o célebre historiador holandês Huizinga, autores que permaneceram obscuros durante muito tempo, como o alemão Norbert Elias [...] ou ainda autores um pouco marginais, quero dizer, cuja relação com a história das mentalidades não apareceu e não foi logo reconhecida, como Mário Praz.

A caracterização de uma nova concepção do tempo histórico e de sua representação pode ser tecida a partir de elementos significativos, segundo aponta Reis: *a interdisciplinaridade* (os historiadores, particularmente aqueles de Estrasburgo, vivendo em ambiente extremamente fecundo, constatam a impossibilidade de cooperação interdisciplinar, caso mantivessem a representação tradicional – linear, teleológica, sucessão pautada no evento, na assimetria passado/futuro – do tempo histórico); *a longa duração* (conceito bastante próximo ao de estrutura social: "as mudanças humanas, embora ocorrendo e sendo percebidas, endurecem-se, desaceleram-se, estruturam-se. [...] a mudança ocorre, não segundo Heródoto e a história tradicional, mas por uma 'dialética da duração': a mudança é limitada e não tende à ruptura descontrolada.

134 ANTONIO VICENTE MARAFIOTI GARNICA

[...] O tempo dos *Annales* é uma desaceleração cautelosa"); a *ampliação do conceito de fonte histórica* (a documentação passa a ser considerada como registro da passagem do homem pelo mundo); *motivada por problemas, a história como construção* ("na história tradicional, sem documentos não há história. Para os *Annales*, sem problema não há história. [...] a história tradicional considerava os fatos como já presentes nos documentos", para os *Annales*, mesmo que resistindo à análise e à ação, os fatos precisam ser construídos a partir das fontes); *o método retrospectivo* (o "ídolo das origens" – que Bloch pretendeu destronar – consiste na idéia de que o mais próximo pode ser sempre explicado pelo mais distante). Para Bloch, ao contrário,

> não basta conhecer o começo ou o passado de um processo para explicá-lo. Explicar não é estabelecer uma filiação. O presente guarda uma certa autonomia e não se deixa explicar inteiramente pela sua origem. O presente está enraizado no passado, mas conhecer essa raiz não esgota seu conhecimento. Ele exige um estudo em si, pois é um monumento original, que combina origens passadas, tendências futuras e ação atual.

Trata-se de trafegar – e essa é a essência do chamado "método regressivo" – do mais conhecido – o próximo, o presente – ao menos conhecido – o distante, o passado.

Esse método é o sustentáculo da história-problema: temática, essa história elege, a partir da análise do presente, os temas que interessam a esse presente, problematiza-os e trata-os no passado, trazendo informações para o presente, que o esclarecem sobre sua própria experiência vivida.

Parametrizada por esses princípios inovadores, a elaboração dos *Annales* segue uma trajetória de alterações e adaptações, chegando à história socioeconômica de Braudel, implantada e impulsionada nas duas décadas após a Segunda Grande Guerra. Ganha nítida distinção, nesse cenário, aquela idéia das relações sociais como a força viva que move os acontecimentos. Ainda que tenha havido uma alteração de foco – as "idéias" cedem lugar paulatinamente às "relações sociais" –, a historiografia até o final da década de 1960 está visivelmente en-

A EXPERIÊNCIA DO LABIRINTO 135

volvida com uma análise socioeconômica julgada determinista, sem que nenhuma alteração nas idéias fundamentais dos *Annales* tenha ocorrido. Para alguns autores – dentre eles Hobsbawm –, mantém-se o paradigma que sustenta uma história ainda *"vista de cima"*, na qual as circunstâncias superestruturais ocupam, isoladas, a atenção dos historiadores. Herdeiros desse paradigma que combate a abordagem rankiana instituem uma nova (conhecida por "terceira"[3]) fase nos *Annales*: a Nova Nova História (*Nouvelle Nouvelle Histoire*), quando a importância da economia, ressaltada por Braudel, é reduzida, segundo os historiadores, pelas exigências impostas pelo mundo contemporâneo. A história associa-se a novas disciplinas (psicanálise, antropologia, lingüística, literatura, semiótica, mitologia comparada, climatologia, paleobotânica) e novas técnicas são utilizadas (carbono 14, análise matemática, modelos, computadores).

A história passa a ser escrita no plural: são "histórias de...", e pode ser feita a partir de múltiplas perspectivas. O interesse "central" é plural, múltiplo, heterogêneo, disperso. O todo é, agora, inacessível e só se pode abordar a realidade social por partes. A história está em migalhas. Retorna o interesse pela biografia e pelo evento, até então desprezados, mas não ao todo desconsiderados. A narrativa intervém com espírito novo. Agora, ocupa-se da vida, dos sentimentos, do cotidiano não só de grandes e poderosos. Foucault e Ricoeur, por exemplo, são chamados à cena para a consolidação desse projeto.

Podemos pensar não mais NA história, mas NAS histórias possíveis, nas versões históricas, e legitimá-las como verdades dos sujeitos que as vivenciaram e as relatam. Tanto quanto o é a descrição para a pesquisa qualitativa, as narrativas orais fixadas pela escrita são tomadas como documentos históricos, intencionalmente constituídos, que não estão subjugadas a um critério de valor definido a partir da "realidade" do mundo. As descrições constituem o solo no qual estão fincados os conceitos das Humanidades. Segundo Joel Martins,

---

3   A primeira fase inicia-se com a criação do grupo; a segunda fase é tida como aquela em que a revista se mantém sob a direção de Braudel.

só haverá Ciência Humana se nos dirigirmos à maneira como os indivíduos ou grupos representam palavras para si mesmos utilizando suas formas de significados, compõem discursos reais, revelam ou ocultam neles os que estão pensando ou dizendo – talvez desconhecido para eles mesmos, mais ou menos o que desejam – mas, de qualquer forma, deixam um conjunto de traços verbais daqueles pensamentos que devem ser decifrados e restituídos, tanto quanto possível, na sua vivacidade representativa. Os conceitos, portanto, sobre os quais as Ciências Humanas se fundamentam, num plano de pesquisa qualitativa, são produzidos pelas descrições.

Descrições não são certas ou erradas, verdadeiras ou falsas. Descrições implicam, ao menos, um falante e um ouvinte: monólogos que o sujeito faz consigo mesmo, no "fórum interno da consciência", mesmo que trazidos a público, fixados pelo exercício da escrita, não se enquadram como descrições. A descrição só tem sentido – como descrição – se provém de alguém que fala sobre algo que é desconhecido do ouvinte. A posição de quem descreve é, desse aspecto, "melhor" do que a de quem a ouve. Traços característicos, apenas, não são suficientes para caracterizar uma descrição, a menos que o objeto descrito já tenha sido indicado. As características terão a função de complemento, de preenchimento de detalhes na sempre insegura atribuição de significado. É ainda Joel Martins quem complementa:

> o propósito de uma descrição [...] é, em muitos casos, o de agir como um auxiliar para o reconhecimento. [...] o mérito principal de uma descrição não é sempre a sua exatidão ou seus pormenores, mas a capacidade que ela possa ter de criar uma reprodução tão clara quanto possível para o leitor da descrição. [...] Descrever algo é poder dizer como uma certa coisa pode ser diferenciada de outra, ou ser reconhecida entre outras coisas. [...] Quando X descreve algo para Y isto implica dizer-se que sua emissão satisfaz as condições para uma descrição, isto é, que ela é suficientemente ampla, justa, precisa e equilibrada.

Amplitude, justiça, precisão e equilíbrio de uma descrição, porém, só podem ser avaliadas pelo pesquisador e seu grupo, no contexto sócio-cultural-político e teórico dentro do qual a pesquisa está sendo realizada.

A EXPERIÊNCIA DO LABIRINTO 137

Assumir, nesses termos, as descrições como fundamentais para conhecer algo, como vetores iniciais e fundamentais nas pesquisas realizadas segundo os parâmetros da história oral, resíduos de enunciação a partir dos quais o pesquisador intencionalmente cria de fontes históricas, implica aceitar uma concepção de história e de historiografia condizentes com as vertentes mais atuais, adeptas da história como versão, negando a verdade histórica (a ela preferindo a história das verdades). Trata-se, portanto, de alterar os enfoques e as questões suscitadas pelos depoimentos recolhidos: trata-se de alterar o registro, a interpretação, a configuração – nunca plena e definitiva, sempre fragmentária e temporária – da verdade do sujeito que fala sobre aquilo que se pretende conhecer.

Certificar-se de que há evidências seguras que corroboram (ou negam) a informação de um depoimento é uma questão que não se coloca (ou não deve colocar-se) nos domínios daqueles que trabalham com história oral, segundo cremos. Do que adiantaria checar se Seu Nivaldo ganhou ou não um Oscar por um filme que fez? Importa, sim, perceber que essa informação permite compreender que (e por que) a Seu Nivaldo agrada registrar-se (em escritos, em filmes, em fotografias) e sente-se valorizado, valorizando esses registros. Por que seria tão visceral a checagem de datas, de situações, lembranças? A checagem, em si, não pressupõe uma verdade que estaria mais ou menos adequada ao narrado? Um delineamento essencial: negar essa verdade definitiva, panorâmica, global, absoluta.

Todas essas checagens não nos desviariam do foco principal, a saber, aquele que coloca a narrativa do sujeito como o próprio sujeito constituindo-se, do modo como ele pretende constituir-se? Por que essas verdades fabricadas pelos sujeitos devem ser rechaçadas, postas à margem do histórico? Não somos também as verdades que nos impomos e segundo as quais pretendemos ou quereríamos viver? Qual o problema em aceitar o relato de uma vida que se faz relato exatamente para que o passado seja purgado, para que o presente seja mais aceitável? Tal relato não nos diz tanto quanto o relato que o nega? E ainda que alguma checagem fosse feita, ainda que alguma divergência nos surgisse no processo mesmo sem checagem alguma, não seria mais produtivo indagar-se por que essa divergência? O que ela nos ensina sobre o sujeito, sobre suas verdades, sobre seu tempo e seu modo de constituição do mundo?

É interessante que essas questões estejam sendo por nós registradas ao mesmo tempo que, em uma revista nacional de grande circulação, debate-se, nas cartas dos leitores, sobre a autoria da conhecida frase "O Brasil não é um país sério". Foi Charles De Gaule, afirmam alguns. Foi Celso Vieira, embaixador brasileiro na França, rebatem outros. Foi um assessor de De Gaule? Foi Carlos Alves de Souza, embaixador em Paris? Perguntaríamos: o que faz que o eco dessa frase ressoe tão significativamente até hoje? Por que esse fascínio com uma autoria? O que esse fascínio nos revelaria? Que percepção de país a frase nos permite vislumbrar? Na história da matemática, Gauss realmente determinou com presteza, quando ainda criança, a soma dos cem primeiros naturais? Como saber? Como garantir que a garantia do biógrafo de Gauss é isenta? Por que essas perguntas afetam de modo tão inclemente os historiadores da matemática? Não seria mais operativo perguntar-se que tipo de concepção essa afirmação desvela? Qual Gauss esse registro permite construir? Por que isso é tão importante? Obviamente, na esteira de uma história-problema, não negamos as questões, defendemos a necessidade de mudança de foco nessas questões.

Talvez, contudo, estejamos, também nós, focando demasiadamente os domínios da história e da historiografia. Além de defendermos a história oral como método de pesquisa qualitativa que parte dos relatos orais, constituindo documentos, para elaborar e aprofundar compreensões, é necessário apontarmos uma outra perspectiva: a história oral não é método inscrito exclusivamente nos domínios historiográficos. E há uma argumentação para defendermos essa afirmação.

O equívoco de atribuir à história oral como "naturalmente" vinculada ao domínio da história pode ser explicado, em primeira instância, pela própria nomenclatura. História oral é, já, uma expressão simplificada. Melhor seria dizermos: a constituição intencional de fontes históricas a partir da oralidade, numa clara complementação (alguns prefeririam, aqui, "oposição") àquela concepção de "História" pautada somente por documentos escritos ou, mais radicalmente, por fontes primárias. Não

A EXPERIÊNCIA DO LABIRINTO 139

vemos escrita e oralidade em oposição, mas como possibilidades complementares para a elaboração histórica. Historiadores conceituados – tanto antigos como contemporâneos – afirmam sobre as vantagens da utilização de várias fontes para compreendermos os homens no tempo. Negar os arquivos escritos como recurso de pesquisa seria um equívoco tão alarmante quanto negar a importância da oralidade para entender a temporalidade e, nessa temporalidade, as circunstâncias humanas. Existe, sim, julgamos, uma oposição sensível entre a história oral e a historiografia mais tradicional, mas ela não está nos pseudoconflitos oral/escrito e memória/história. Está no modo como concebemos a própria história, suas fontes e seus agentes, do que pensamos já ter tratado. Além do mais, não estando inscrita no domínio estrito da história (como defenderemos), não se trata de submetermo-nos aos critérios dos historiadores para julgar se é ou não adequada essa forma que defendemos e pensamos ser alternativa para escrever ou pensar história. Temos de constituir um pensamento crítico sobre a história e a historiografia por nos assumirmos como "fazedores de fontes", mas devemos estabelecer nossas interlocuções num domínio mais vasto.

Segundo Paul Thompson, "A realidade é complexa e multifacetada; e um mérito principal da história oral é que, em muito maior amplitude do que a maioria das fontes, permite que se recrie a multiplicidade original de pontos de vista". Recriar pontos de vista respeitando vivências está na origem do que temos concebido por história oral. O surgimento das novas tecnologias de registro – notadamente o gravador portátil – traz para a historiografia (mas não só para a historiografia, reiteramos) uma revolução similar àquela que a imprensa, anteriormente, trouxe, permitindo aos historiadores vislumbrar uma pluralidade de recursos quantitativos e qualitativos. A expressão "história oral" surge entre os americanos, embora focos bastante nítidos de práticas comuns possam também ser detectados na Europa. À história de seu surgimento vincula-se, via de regra, o nome de Allan Nevins, em razão das gravações que realizou com personalidades americanas – dentre as quais se destaca a biografia de Henry Ford – logo após a Segunda Grande Guerra. Nevins nega essa paternidade a ele atribuída afirmando, no livro de Dunaway & Baum, que

140 ANTONIO VICENTE MARAFIOTI GARNICA

A história oral nasce da invenção e da tecnologia modernas. [...] Comecemos reavaliando o mito de que eu fundei a história oral. A História Oral fundou-se. Ela tornou-se uma necessidade patente, e teria sido trazida à vida em vários lugares, teria desabrochado sob várias e distintas circunstâncias, de um modo ou outro.

A expansão das atividades industriais e a atenção – dada especialmente pela antropologia – aos "excluídos", nesse processo de industrialização, no mundo contemporâneo, intensificam a utilização das memórias gravadas como recursos para a pesquisa, numa série de estudos de casos. Não se trata mais de privilegiar as grandes personalidades públicas – o que ocorreu mesmo na história oral em seus inícios, mas de voltar o olhar à particularidade dos marginalizados. É mais propriamente no intervalo entreguerras (que os autores chamam de "primeira fase"), ainda fortemente atrelada aos documentos escritos, que a história oral começa a considerar, como foco principal, as populações marginalizadas e casos discrepantes na norma social vigente. Com isso, as biografias surgem como instrumento privilegiado, embora a intenção mais fortemente detectada seja a de estudar, a partir de particularizações, os processos e contornos que permitem, criam, mantêm e reproduzem a marginalização, o desvio, a exceção. É em seu processo de desenvolvimento que a história oral, ampliando seu foco, passa a estudar grupos e populações de segmentos médios, que – como se acredita – dão um panorama mais nítido da realidade.

Atualmente, parece haver um interesse generalizado nos processos que envolvem as memórias, quer sejam individuais ou coletivas, voluntárias ou involuntárias; vivemos um momento histórico em que a sociedade dos meios de massificação pretende homogeneizar – e o tem feito violentamente – todas as formas de saber e de comunicação social. Nesse cenário, a história oral desempenha (ou pode desempenhar) função singular. Seus estudos têm em comum a tendência de evitar a "coisificação", a "factualização" – e, decididamente, a "heroificação" – dos indivíduos-depoentes, mas preservá-los em sua integridade de sujeitos, registrando uma rica pluralidade de pontos de vista. Segundo Paul Thompson, notadamente três fatores distinguem e validam a

A EXPERIÊNCIA DO LABIRINTO 141

abordagem da história a partir de evidências orais: a oralidade permite ressaltar, tornando mais dinâmicos e vivos, elementos que, de outro modo, por outro instrumento de coleta, seriam inacessíveis; a evidência oral permite compreender, corrigir ou complementar outras formas de registro – quando existem – e, finalmente, a evidência oral traz consigo a possibilidade de transformar "objetos" de estudos em "sujeitos", ao evitar que, como na "historiografia clássica", os atores da história sejam compreendidos a distância e (re)elaborados em uma "forma erudita de ficção".

Como método de pesquisa com procedimentos mais plenamente configurados (ou em via de configuração mais estável, pois se inicia sua reflexão metodológica), a história oral surge em meados das décadas de 1960/1970. Trata de abordar o acontecimento social sem classificações prévias, mas tentando abrir os vários planos discursivos de memórias várias, considerando as tensões entre as histórias particulares e a cultura que as contextualiza. O sujeito, que se constitui a si próprio no exercício de narrar-se, explica-se e dá indícios, em sua trama interpretativa, para compreensão do contexto no qual ele está se constituindo.

E é também na década de 1970 que a América Latina começa a participar mais intensamente do movimento da história oral. No Brasil, embora haja registros de pesquisas desenvolvidas segundo essa abordagem em tempos mais remotos[4] (vinculada à sociologia e à psicologia social), a Associação Brasileira de História Oral é fundada em 1975 e a aplicação desse recurso por universidades e outras instituições é flagrante a partir da década de 1980.

Julgamos que mais adequado seria nos referirmos a essa modalidade de investigação como "abordagem qualitativa de pesquisa que

---

4   O título de um dos tópicos deste ensaio teve a intenção de referir-se a essa anterioridade. *Os filhos de Sanchez* é uma referência obrigatória tanto para a antropologia quanto para a sociologia e os estudos culturais. Trata-se do estudo de Oscar Lewis, publicado pela primeira vez na década de 1960. O tratamento dado pelo autor para abordar o tema da pobreza é totalmente inovador: apresenta seqüencialmente entrevistas coletadas na cidade do México com membros da família Sanchez. A obra – que desenvolve cruamente suas intenções – valeu ao autor um processo judicial instaurado pelo governo mexicano.

142 ANTONIO VICENTE MARAFIOTI GARNICA

vincula oralidade e memória", ainda mais no Brasil, onde a influência dos historiadores (que ainda discutem se a história oral é uma técnica ou uma metodologia) fica relativizada[5] ante as influências vindas, por exemplo, das ciências sociais.

Como história oral, portanto, entendemos a perspectiva – essencialmente híbrida e multifacetada – de, ante a impossibilidade de constituir documentos que recriem "A" história, registrar algumas de suas várias versões, aos olhos de atores sociais que vivenciaram certos contextos e situações, considerando como elementos essenciais nesse processo as memórias desses atores – via de regra negligenciados pelas abordagens oficiais ou mais clássicas – sem desprestigiar, no entanto, os dados "oficiais", sem negar a importância das fontes primárias, dos arquivos, dos monumentos, dos tantos registros possíveis, os quais consideramos uma outra versão, outra face dos "fatos".

A história é, portanto, como sentencia Cohen, apenas um outro texto em uma procissão de textos possíveis e não uma garantia de qualquer significação singular. Entendemos a história oral como método de pesquisa qualitativo que nos permite – na verdade, segundo nossas concepções, nos obriga a – não só compreender e constituir panoramas históricos, mas trafegar por outras cercanias, ter outros interlocutores e vizinhos, outras questões de pesquisa que não as "históricas", ainda que a constituição de registros seja inerente à opção pelo método e que nele uma hermenêutica esteja sempre latente.

Pensamos a história oral como possibilidade de investigar o dito, o não-dito e, muitas vezes, de tangenciar o indizível e seus motivos; e,

---

5 Ainda assim, essa relativização (que ocorre, por exemplo, quando optando por procedimentos na prática de pesquisa) pode ser questionada. Olga de Moraes Von Simson, ex-orientanda de Maria Isaura Pereira de Queiroz (uma das precursoras no uso da história oral em sociologia), em comunicação particular ao Grupo de Pesquisa "História Oral e Educação Matemática", relata que a criação da ABHO surgiu do interesse de alguns historiadores e sociólogos, motivado especialmente por José Carlos Sebe Bom Meihy – que à época retornava eufórico do Congresso Internacional de História Oral, realizado no México. Um impasse surgiu quando decidindo o nome da Associação. De um lado, os sociólogos defendendo termos como "memória" e "oralidade"; de outro, os historiadores defendendo a expressão "história oral". Os historiadores, como se sabe, venceram essa queda de braço.

A EXPERIÊNCIA DO LABIRINTO 143

portanto, de investigar os regimes de verdade que cada uma das versões registradas cria e faz valer, com o que se torna possível transcodificar – e, portanto, redimensionar – registros e práticas. Nesse panorama, os pesquisadores que como nós têm se valido da história oral como método de pesquisa, operando como memorialistas, são constituidores de registros: constroem, com o auxílio de seus depoentes-colaboradores, documentos. Tais documentos são, sob nossa óptica, "enunciações em perspectiva" que preservam vozes muitas vezes alternativas e dissonantes ao que classicamente se convencionou chamar de "fato" histórico. Temos, portanto, negado "O" fato histórico e preferido "AS" versões, mais dinâmicas, mais vivas, mais personalizadas, menos mitificadas e heroificadas, que nos permitem transitar por um cenário no qual se entrecruzam o quem, o onde, o quando e o porquê.

Considerar a história oral como método qualitativo de pesquisa implica, portanto, inscrevê-la também como uma possibilidade frente às características do que Lyotard define como pós-modernismo, momento em que se declara uma "morte aos centros" e uma "desconfiança das metanarrativas". Como afirma Jenkins, os antigos quadros de referência anglocentrados, eurocentrados, sexistas etc. já não são mais considerados legítimos ou naturais, como também não o são as hierarquias sociais pré-modernas, baseadas predominantemente na divindade, na raça, no sangue, na estirpe; já não se podem considerar como porto seguro as pretensões de verdade radicadas nas metanarrativas teológicas, nem nas metanarrativas científicas ou filosóficas, nem os programas unidirecionados de progresso, reforma e emancipação do homem. Também a historiografia específica e, naturalmente, passa por esse processo de redescrição: o passado – preenchido ontologicamente pelos homens do passado – pode também ser redescrito infinitamente.

No rastro desses centros ausentes e metanarrativas ruídas, as condições do pós-modernismo produzem aquela multiplicidade de relatos históricos que encontramos por toda parte em nossas sociedades democráticas/ consumistas, uma massa de gêneros ("histórias com grife") para usar e/ ou abusar a gosto.

144 ANTONIO VICENTE MARAFIOTI GARNICA

Nisso podemos identificar, por exemplo, as histórias dos historiadores (histórias profissionais que tentam estabelecer hegemonia naquele campo de estudo, uma versão expressa nas teses, monografias, artigos e livros), as histórias dos professores de escola (necessariamente popularizações das histórias dos historiadores profissionais) e depois toda uma gama de outras formas características [...]: relatos históricos para crianças, relatos da memória popular, relatos de negros, brancos, mulheres, feministas, homens, relatos de herança cultural, relatos de reacionários, elites, marginais etc. Todos esses diversos constructos são influenciados por perspectivas locais, regionais, nacionais e internacionais.

E não é tudo. Todos esses gêneros têm fronteiras irregulares e sobrepostas, e todos se apóiam um nos outros [...] Mais: todos são rasgados por pressupostos epistemológicos, metodológicos e ideológicos que /.../ movem-se por todo o campo, de modo que podemos ver cada um desses gêneros em termos aqui estruturais ou fenomenológicos, ali empíricos ou existenciais, da perspectiva primeiro do liberalismo ou do marxismo, por exemplo, e depois da direita radical etc. [...] O que fica claro é, portanto, a absoluta imprevisibilidade das leituras e o reconhecimento de que as interpretações no (digamos) "centro" de nossa cultura estão lá não porque sejam verdadeiras ou metodologicamente corretas [...] mas porque estão alinhadas com o discurso dominante. Mais uma vez, temos a relação entre poder e saber.

Esse fluxo interpretativo, quando visto de forma positiva, tem o potencial de capacitar até os mais marginalizados, na medida em que eles pelo menos podem produzir suas próprias histórias, mesmo que não tenham poder para torná-las a de outras pessoas. (Jenkins, 2004)

De um lado, o passado podendo ser lido nesse campo de interesses diversos, cada um desses interesses produzindo seus textos e suas leituras (estabelecendo, portanto, o passado "em si" como uma ausência); de outro, o passado assentado como a verdade definida e definidora da história autorizada. No "entre", a possibilidade de mais pessoas e mais grupos produzirem suas próprias histórias – "uma prática discursiva que possibilita a mentalidades do presente ir ao passado para sondá-lo e reorganizá-lo de maneira mais adequada às suas necessidades" – para que possam dar "visibilidade a aspectos do passado antes ocultos ou dissimulados, que foram desconsiderados ou postos de lado", uma história que mostra, como afirma Gilda Souza, que o passado comportava outros futuros além daquele que se processa no presente. Como disparar, na historiografia, uma abordagem que considere esses parâmetros? Segundo Jenkins, duas coisas seriam necessárias: uma "metodologia reflexiva" (algo que permita explicitar o porquê de fazer uma ou outra história, o porquê de fazê-las dessa ou daquela maneira e as condições que permitem que elas sejam feitas assim ou assado) e uma "seleção do conteúdo adequada a essa prática" ("minha preferência pessoal", afirma o autor, "seria por uma série de histórias que nos ajudassem a compreender não só o mundo em que vivemos, mas também as formas de história que nos ajudaram a produzi-lo e que, ao mesmo tempo, ele produziu").

Um conto, um ponto: referências

"Andava olhando os edifícios sob a chuva, de novo impessoal e onisciente, cego na cidade cega. Mas um bicho conhece sua floresta; e mesmo que se perca – perder-se também é caminho."
(Clarice Lispector)

"Numa página do Tratado de Arquitetura, *Filarete, depois de afirmar que é impossível construir dois edifícios perfeitamente idênticos – assim como, apesar das aparências, as 'fuças tártaras, que têm todas a mesma cara, ou as da Etiópia, que são todas negras, se olhares direito, verás que existem diferenças nas semelhanças' –, admitia que existem 'muitos animais que são semelhantes uns aos outros, como as moscas, formigas, vermes e rãs e muitos peixes, que daquela espécie não se reconhece um do outro'. Aos olhos de um arquiteto europeu, as diferenças mesmo pequenas entre dois edifícios (europeus) eram relevantes, as entre duas fuças tártaras ou etíopes, negligenciáveis, e as entre dois vermes ou duas formigas, até inexistentes.*

146 ANTONIO VICENTE MARAFIOTI GARNICA

> *Um arquiteto tártaro, um etíope desconhecedor*
> *de arquitetura ou uma formiga teriam proposto*
> *hierarquias diferentes."*
> (Carlo Ginzburg, Mitos, emblemas e sinais)

Borges é um escritor difícil. Genial e difícil. Talvez por isso nossas incursões nesse universo borgiano tenham sido sempre adiadas. Mais recentemente, porém, Borges passou a freqüentar sistematicamente as reuniões do Grupo de Pesquisa e algumas bancas de qualificação e defesa. Ainda que Borges tenha sido colocado como uma possibilidade – uma necessidade, na verdade – para o futuro, acabamos nos debruçando sobre uma cópia xerox de *Fumes, o memorioso*.

Alexandre é um amigo que iniciou seu mestrado com o projeto de estudar a presença do herói na propaganda. Por conta dessa sua intenção de pesquisa e por seu interesse em mitologia grega, conheceu o "A casa de Astérion", de Borges, e levou-nos desse conto uma cópia xerox. Isso ocorreu quando já estavam tramitando os documentos que nos permitiriam coletar os dados com Seu Nivaldo, no Instituto Lauro de Souza Lima.

O conto foi lido atentamente, e já de início uma possibilidade ocorreu com clareza: a inversão borgiana entre monstro e herói – no caso Minotauro e Teseu – poderia ser tomada como referência metafórica para os exercícios de história oral que o Grupo de Pesquisa vinha realizando. Tratava-se, na verdade, de uma possibilidade de discutir a disposição de que a história oral não necessariamente se volta aos excluídos, mas, ao tomar esse caminho, desenvolve exatamente a inversão que Borges metaforicamente concebeu.

Havia, porém, no conto, percebíamos, várias passagens, termos e abordagens – partindo do pressuposto de que a "boa" literatura permite, possibilita, motiva e, de certa forma, tenta coordenar uma pluralidade de campos interpretativos – que nos eram misteriosos e precisavam ser estudados. Uma tarefa que nos parecia ousada: adentrar um campo – o da crítica literária – que só não nos era totalmente desconhecido por algumas poucas leituras que fazíamos sem compromisso algum, exceto aquele de descobrir caminhos para leituras

A EXPERIÊNCIA DO LABIRINTO 147

de obras literárias que nos agradavam e conhecer métodos de análise diferenciados.

O risco de elaborar uma caricatura de crítica textual era demasiadamente grande e, por conta disso, começamos a coletar textos de críticos literários reconhecidos, publicados em periódicos conhecidos. A leitura de cada um desses textos possibilitava surpresas (era então "essa" uma possibilidade de interpretação para tal passagem? Seria esse o significado escondido, o sentido pretendido pelo autor? Era por isso que "aquilo" estava ali?) e constatações (como estávamos familiarizados com o texto, já nos lançávamos em algumas interpretações, e era muito interessante quando nossas percepções se mostravam sincrônicas àquelas das autoridades da crítica literária. Segundo uma conhecida anedota, algo muito semelhante ocorre quando o público aplaude a orquestra já nas primeiras notas, quando ainda a obra nem sequer se configurou minimamente: não aplaude o condutor ou os instrumentistas; aplaude a si próprio por ter reconhecido a melodia).

A referência a monstros, mitos, prisões, labirintos – elementos tão caros ao conto quanto às interpretações – foi surgindo e nos obrigando a novas leituras. Dicionários de termos literários, dicionários de lugares imaginários, de mitologia, obras sobre heróis e anti-heróis, textos paralelos – como "Os reis", de Cortázar –, bestiários etc.

Cansamos das cópias xerox. Saímos da ilegalidade. Compramos a obra completa de Borges.

Decidimos registrar nossos achados em relação ao conto e, com o tempo, tínhamos juntado material suficiente para sistematizar algumas compreensões. Para respeitar a forma de sua composição, a esse texto intitulamos "Escritos d'*Escritos sobre mitos, monstros e prisões* (percorrendo 'A casa de Astérion')", posto que era um registro escrito tornado possível a partir de outros escritos cuja função era compreender, descrevendo, o conto.

O movimento de interpretação ao conto de Borges foi dado como "pronto" quando percebemos que essa interpretação poderia motivar não somente um texto sobre o "A casa de Astérion" e sobre algumas facetas da história oral, como havíamos programado. A insistência dos monstros, do labirinto (tão caro a Borges), do seqüestro, da exclusão, da marginalidade nos levou a perceber que o texto inicialmente elaborado poderia ser subsídio para algo ainda diferente: poderia participar do movimento de análise que pretendíamos realizar a partir do depoimento de Seu Nivaldo.

Tudo isso, acreditamos, foi circunstancial. Algumas referências casualmente nos chegaram às mãos, delas outras referências surgiram. Outras referências – como *A divina comédia* (que lembrávamos remotamente ter uma referência ao minotauro); *A pedagogia dos monstros*, *A história dos marginais, Lazarilho de Tormes*, dentre tantos outros – já conhecidas, foram resgatadas por conta da associação temática. Algumas dessas referências mostram-se promissoras e permanecem; outras acabam não tendo função, dado o tortuoso caminho de construção de uma trama analítica que – tentamos – deveria primar pela liberdade. Nossas tentativas tiveram – ou pretenderam ter – algo em comum com a vida de dona Cezarina, uma antiga professora cujo depoimento foi coletado para uma pesquisa que atualmente orientamos: "Hoje", ela nos diz, "eu vou por aqui e por ali. Vou onde o vento me leva". Mas dona Cezarina não circula nos meios acadêmicos e não quer defender sua livre-docência (o que condiciona nossa liberdade e claramente amplia a vantagem da dela). Ainda assim...

Se tivéssemos iniciado o artigo sobre a história oral ser ou não instância privilegiada para o estudo das marginalidades e exclusões sem conhecermos o texto de Borges, teríamos seguido outros caminhos. Se tivéssemos iniciado as análises do depoimento de Seu Nivaldo sem termos, antes, estudado o texto de Borges, teríamos seguido outro caminho. Se tivéssemos nos lançado a elaborar um texto acadêmico a partir de referências "acadêmicas", nosso espanto seria outro e teríamos seguido outro caminho. Se, em vez do texto de Borges, tivéssemos nos debruçado sobre a tela do *Jovem Baco*, de Caravaggio (uma possibilidade que nos surgiu quando analisávamos o depoimento de Seu Nivaldo e que, elaborada mentalmente, já nos permitia chamar à cena outros Caravaggio, Foucault, Eckhout etc.), teríamos seguido outro caminho. Se, se, se... Cada um desses "ses" geraria uma análise diferente; o mesmo "se", desenvolvido por outro, geraria uma análise diferente. E todos esses "ses" são óbvios.

O que talvez seja menos óbvio foi termos pensado sobre a possibilidade de aproveitar essa trajetória (em seus inúmeros "ses") e a inserirmos como "fato" de análise, como "tese" a ser defendida: o processo de análise é caótico, e a explicitação dessa dinâmica fluida de eventos, de contextos, textos, referências, pode gerar compreensões importantes aos que se dedicam aos estudos que envolvem a história oral. Trata-se de evidenciar o caminho das pedras e sugerir que uma estrutura de certa forma organizada pode surgir (e surge) de processos que se iniciam e percorrem um intrincado caminho, uma alameda plena de desvios e atalhos, cada um dos desvios e atalhos plenos de outros desvios e outros atalhos. Reconhecer a possibilidade de perder-se nesses liames como significativa, essencial, produtiva é a essência do que chamamos de abordagem qualitativa de pesquisa. No horizonte, num beco, num canto de um atalho o pesquisador encontrar-se-á munido de experiências que não tinha antes de chegar a esses quase sempre escuros domínios. Encontrar-se nessa possibilidade de perder-se: essa é a tarefa que se impõe, ao fim e ao cabo, aos que decidem aventurar-se nas pesquisas qualitativas.

Método

Aceitamos que há um paradigma científico ao qual podemos chamar "clássico". Suas raízes podem ser encontradas no diálogo entre o cartesianismo, o mecanicismo newtoniano e as formas reducionistas de compreender as disposições baconianas acerca do conhecimento científico. A hegemonia desse paradigma estabelece-se ainda mais nitidamente sob as perspectivas da filosofia positivista da ciência, tramada no século XIX. Mas tanto quanto falar em categorias implica chamar Aristóteles à cena, falar em método nos leva a Descartes. Em suas *Regras para a direção do espírito*, "método" é descrito como

> regras certas e fáceis cuja observação exata fará que qualquer pessoa nunca tome nada de falso por verdadeiro e que, sem despender inutilmente

150 ANTONIO VICENTE MARAFIOTI GARNICA

o mínimo esforço de inteligência, chegue, por um aumento gradual e contínuo de ciência, ao verdadeiro conhecimento de tudo o que for capaz de conhecer. (p.24)

Reservamo-nos o direito de cautela em relação à definição de Descartes. Nossos motivos fixam-se na noção de um conhecimento "verdadeiro"[6] e nas névoas da possibilidade de certeza e comodidade absolutas – as regras "certas e fáceis". Mesmo assim, a descrição cartesiana, bastante conhecida e aceita, encerra certas considerações que não podem ser negligenciadas. Tentemos dela uma atualização, ainda sob o domínio de alguma autoridade.

No verbete "método", a *Enciclopédia Einaudi*, partindo da célebre definição, afirma:

I) Um método consiste em seguir regras. [...] É [...] necessário que a regra observada seja fundamentalmente associada a uma idéia de uma certa eficácia, enquanto a regra de um jogo ou a regra gramatical são unicamente associadas à idéia de correção. [...] seguir uma regra de um método não quer dizer necessariamente ter primeiro formulado uma máxima geral e em seguida aplicá-la; mas certamente significa "representar-se" a relação entre uma situação e um fim como uma certa invariabilidade para a qual se tem uma resposta determinada.

II) O método procura a economia de forças. [...] Entende-se que essa economia é toda ela relativa à esfera na qual se desenvolve a ação. [...] O fim de uma atividade define-se por vezes estritamente, por assim dizer, mediante seu ponto focal; mas mais freqüentemente comporta uma auréola de determinações – ou, melhor, de indeterminações – excêntricas. O método não fornece necessariamente os meios para enfrentar adequadamente uma situação, mas oferece o ponto de apoio de uma regra.

---

6   O termo verdade admite duas concepções distintas: a verdade como adequação (*omoiósis*, do grego) e a verdade como des-velamento (*alethéia*). O primeiro caso, em que se pode vislumbrar a pretensão de um absolutismo, envolve a adequação de uma sentença em relação à realidade da qual essa sentença trata. A verdade tomada como des-velamento pressupõe uma verdade que se dirige à própria coisa, em seu modo de manifestar-se no mundo, sendo construída, estabelecida em trajetória, formando-se, afastando-se, portanto, das pretensões de ser absoluta.

III) O método preserva-nos do erro [...] Mas isso não seria pedir demais de um método? Vulgarmente, ficamos satisfeitos se o método nos abrir uma via, mesmo que um pouco tortuosa, que acabe suficientemente perto do fim que ambicionamos. [...]
IV) A ação metódica é cumulativa e exaustiva. [...] Eis pois um caráter essencial: pensar ou agir metodicamente exige que se proceda por etapas, se não mesmo por passos, de forma que cada etapa seja um progresso para o fim, não obstante a sinuosidade do caminho ou os desvios provisórios. [...] É de desejar que num empreendimento conduzido metodicamente nada se perca do objetivo pretendido. [...] é necessário que esse empreendimento seja exaustivo, não em termos absolutos, mas dentro do enquadramento a que se propôs.

As considerações anteriores parecem assentar a definição cartesiana em terreno menos onírico, diluindo suas pretensões absolutistas e tornando mais real o significado do trabalhar metodicamente. Eis, pois, uma flexibilização que, dada pela autoridade, julgamos pertinente e necessária.

Procedimentos, regulações, regulamentos

> *"Numa certa enciclopédia chinesa está escrito que os animais se dividem em: a) pertencentes ao imperador; b) embalsamados, c) domesticados, d) leitões, e)sereias, f) fabulosos, g) cães em liberdade, h) incluídos na presente classificação, i) que se agitam como loucos, j) inumeráveis, k) desenhados com um pincel muito fino de pêlo de camelo, l) et cetera, m) que acabam de quebrar a bilha, n) que de longe parecem moscas."*
> *(Borges apud Foucault, As palavras e as coisas)*

Este ensaio foi pensado e desenvolvido caoticamente, mas num caótico de estabilidades possíveis, atendendo a certa ordem. Os procedimentos de pesquisa, radicados na história oral, não são totalmente ca-

152 ANTONIO VICENTE MARAFIOTI GARNICA

suais ou empregados de modo inédito. Para coletar os depoimentos de Seu Nivaldo e configurá-los na forma em que estão aqui apresentados, seguimos as indicações bibliográficas que nos foram surgindo e, mais importante do que esse arsenal bibliográfico básico, foi nossa proximidade com os projetos (finalizados ou em andamento) dos integrantes do Grupo de Pesquisa "História Oral e Educação Matemática". Assim, a primeira pessoa do plural que usamos no decorrer de todo este estudo não é uma humildade disfarçada (o nós descentralizando o eu) nem um exercício de diluição de responsabilidades. Trata-se de ressaltar que as elaborações aqui registradas são apropriações de esforços vários, de um coletivo de pesquisadores que com seus trabalhos têm contribuído para inscrever a história oral como método de pesquisa adequado, importante e produtivo para a educação matemática.

A viabilidade e a validade da elaboração coletiva, do trabalho cooperativo, não são uma novidade, mas apenas muito recentemente temos conseguido efetivá-lo. E julgamos criativo tanto o processo pelo qual essa efetivação tem se dado quanto a intenção de configuração da história oral nos domínios da educação matemática. Partimos não só do pressuposto de que as criações coletivas ou coletivamente discutidas e analisadas são eficazes, mas também de que toda trama de constituição de um método (um pensar metodológico) deve estar atrelado (sempre) a avaliações quanto às limitações e vantagens desse método; de que todo exercício de pesquisa deve estar acompanhado de tal avaliação – uma crítica aos procedimentos e fundantes – que a tornará pública; de que um estudo sobre possibilidades metodológicas tem mais sentido (ou só tem sentido) quando feito em trajetória, ao mesmo tempo que investigações vão sendo desenvolvidas a partir do método julgado, até o momento, mais eficiente. Nesse liame prendem-se os procedimentos aqui utilizados.

As pesquisas do Grupo "História Oral e Educação Matemática" têm focado vários temas que aqui classificaremos como "historiográficos" e "não propriamente historiográficos" (ainda que a criação de fontes históricas seja pressuposto de todas essas pesquisas). Há trabalhos sobre a educação escolar nas "escolas alemãs" de Blumenau; sobre a formação e atuação de professores para as escolas rurais do Centro-

A EXPERIÊNCIA DO LABIRINTO 153

Oeste paulista; sobre a formação de professores de Matemática nas regiões de Bauru, da Nova Alta Paulista e da Baixada Santista; sobre a formação, atuação e identidade de grupos de estudos e pesquisas em educação matemática; sobre instituições de Estado responsáveis por políticas educacionais; sobre concepções de professores; sobre profissionalização docente; sobre a relação entre escola, família e matemática; sobre preconceito e utopias. Há um universo bastante diversificado de temas e nem mesmo a opção pela história oral como método, seus procedimentos e fundamentação, passa incólume a essa diversidade.

Há disponível um levantamento recente do estado da arte na interface "História Oral e Educação Matemática" (focando os trabalhos desenvolvidos antes da criação do Grupo, em 2002), e outro, em andamento, com os trabalhos realizados entre 2002 e 2005 (por membros do Grupo). A partir desses levantamentos, percebe-se que não há total sincronia entre as concepções acerca do que seja história oral; de quais são seus princípios básicos ou procedimentos; do que seja história ou, ainda, de qual nossa posição ante os historiadores orais ou memorialistas. Dessa diversidade de perspectivas surge uma gama enorme de questões ainda em debate, mas os resíduos desses debates estão aqui representados, ora por concordarmos com eles ora para justificar e explicitar nossos pontos de vista.

As divergências sobre os procedimentos manifestam-se, pensamos, mais na efetivação desses procedimentos que propriamente no discurso que sustenta a opção por eles.[7] Alguns fazem assim, outros fazem assado, mas, de modo geral, todos concordam que uma pesquisa – qualquer que seja ela – tem um objetivo, um tema, um cenário a explorar. Concordam ainda que a oralidade é o recurso a partir do qual buscamos compreender os temas, concordam quanto às estratégias básicas para uma entrevista (seja elaborando roteiros ou perguntas de corte ou fichas, seja promovendo uma ou duas sessões de entrevistas) e

---

7   Essa afirmação tem uma raiz mais profunda, ligada aos nossos estudos acerca das concepções de professores: tais concepções, defendemos, manifestam-se mais claramente nas práticas que nos discursos sobre as próprias concepções. Mas esse é o tema para um outro ensaio.

concordam quanto a necessidade de transcrever e quanto à possibilidade de textualizar (embora as textualizações sejam elaboradas de diferentes maneiras). Discordam flagrantemente quanto à necessidade de análise, embora as posições estejam sendo, a cada dia, mais negociadas, seguindo todo um compasso de explicitações e posicionamentos.

Como uma parte do grupo, defendemos a posição de que sem uma análise[8] o trabalho de pesquisa está necessariamente incompleto. A análise permite a elaboração de compreensões pelo pesquisador – a enunciação do discurso *ético*, portanto – e essas compreensões devem ser explicitadas – tornadas texto escrito, por exemplo – transcendendo o discurso *êmico*. O registro da enunciação em perspectiva, a criação de fontes históricas, ainda que parte significativa no processo, não deve bastar para o pesquisador. E a justificativa é a mais direta e natural possível: já quando selecionando seus depoentes – e mais incisivamente no correr de toda a trajetória de pesquisa – uma hermenêutica, sempre latente, é colocada em funcionamento.

O pesquisador interpreta suas cercanias, interpreta os depoimentos ainda quando os coletando, interpreta continuamente (questionando a si próprio, questionando o depoimento, questionando o mundo). Interpreta quando textualiza o que ouviu e transcreveu (transcrição e textualização não são, como se poderia pensar, textos do outro, mas registros que o pesquisador, a partir da fala do outro, usualmente marca com sua interpretação). A interpretação (tomada aqui como movimento analítico) está, portanto, presente em toda e qualquer pesquisa. Nossa insistência em relação à necessidade da análise (mais adequado seria dizermos: nossa insistência quanto à necessidade de explicitar as interpretações que naturalmente participaram de todo o processo ou nossa insistência quanto à necessidade de explicitar um arremate escancaradamente subjetivo a todo esse processo) mantém-se exatamente para que o pesquisador, por ingenuidade, descuido, descaso ou desconhecimento, implícita ou explicitamente, não advogue por neutralidade, com o que estaria contaminando todas as prerrogativas

---

8   E o que entendemos por "análise" é o que estamos tentando elaborar ao longo de todo este trabalho.

A EXPERIÊNCIA DO LABIRINTO 155

de uma abordagem qualitativa de pesquisa e, assim, os princípios mais elementares no tratamento com o outro.

Como procedemos, então? As circunstâncias que nos levaram a Seu Nivaldo já foram relatadas, mas talvez tenhamos negligenciado algumas contingências, detalhes e auto-imposições que essas circunstâncias dispararam. Ao detectarmos a possibilidade de entrevistar Seu Nivaldo, vislumbramos também a possibilidade de executar os procedimentos mais usuais que nossos orientandos executam quando desenvolvendo seus trabalhos. Os exercícios de elaborar roteiros (não simplesmente orientá-los), gravar entrevistas (não simplesmente ouvi-las), transcrever e textualizar (não simplesmente checar, cotejar e corrigir) nos pareceu necessário até para que, como orientadores, tivéssemos mais legitimidade para discutir esses momentos. O desejo de um trabalho em história oral (e não somente um trabalho sobre história oral ou uma sistematização de trabalhos de orientandos) também nos ocorreu como adequada para, talvez, a elaboração de um texto de livre-docência mas, mais fundamentalmente, nossa intenção – que agora pode parecer ingênua – era nutrida pela pergunta: pode, realmente, alguém, compreender algo que desconhece quase que totalmente a partir do relato de outro? Quais os percursos e desvios que essa compreensão exige? É possível registrá-los? Assim, a possibilidade do exercício manifestou-se e impôs-se até como necessidade.

A confecção do roteiro deu-se a partir das poucas informações que tivemos sobre seu Nivaldo (dele mesmo e de Paula, quando da primeira visita formal ao Instituto, antes das entrevistas). Alentava-nos a constatação de que Seu Nivaldo parecia ser falante, bem articulado (apesar da voz fraca e de alguns problemas de dicção – segundo ele "seqüelas" do cancelamento da alta que esperava obter para fazer o serviço militar). Felizmente, umas poucas intervenções disparavam inúmeras histórias e memórias que fomos percebendo formar um arsenal de reminiscências à mão, talvez por ser um distintivo a fincá-lo como um sujeito diferenciado dentre outros, talvez pelo gosto de contar seus "causos", talvez pelo hábito de contar e recontar as histórias para os que visitam o "museu" do Instituto que ele tem por

156 ANTONIO VICENTE MARAFIOTI GARNICA

função (ou sente-se responsável por) cicateronear, talvez manifestação de um ressentimento não muito aparente no modo de contar suas histórias, mas implícito no fato de querer contá-las...

A degravação da fita da primeira entrevista foi feita logo após o momento da entrevista. A degravação da segunda entrevista foi adiada por conta das inúmeras aulas e outros compromissos acadêmicos (talvez também porque o encanto com a novidade tenha se esvaído na transcrição da primeira fita, sobrando apenas o enfadonho da técnica que nos obriga a registrar minuciosamente pausas, incorreções, vícios de linguagem, interrupções). Com as duas fitas já transcritas, partimos para o processo de textualização.

A textualização, segundo a concebemos, compõe-se de vários momentos, indo desde a simples "limpeza", retirando os "vícios" de linguagem, podendo passar pela reorganização das informações transcritas – visando a uma sistematização cronológica ou temática (a narrativa, especialmente aquela dos depoentes mais fluentes, tende a entrelaçar tempos e temas) – até uma reelaboração mais radical – a chamada transcriação – para o que podem ser chamados à cena elementos e estilos teatrais, ficcionais, recursos inusitados de estilo etc. Na literatura esses conceitos não são de todo estranhos. Truman Capote, no prefácio ao seu *Música para camaleões*, de 1975, afirma:

> Minha vida – a artística pelo menos – poderia ser registrada num gráfico preciso, como a evolução de uma febre: os picos e os pontos mais baixos, os ciclos claramente definidos. Comecei a escrever aos oito anos – a partir do nada, sem qualquer exemplo que me inspirasse. [...] comecei a escrever sem saber que me acorrentara para o resto da vida a um amo nobre mas impiedoso. Deus, quando nos dá um talento, também nos entrega um chicote, a ser usado especialmente na autoflagelação. [...] Já fazia anos que eu me sentia cada vez mais atraído pelo jornalismo como forma de arte em si. E tinha dois motivos. Primeiro, não me parecia que nada de verdadeiramente inovador tivesse acontecido na literatura em prosa, ou na literatura em geral, desde os anos 20; segundo, o aspecto artístico do jornalismo era um território quase inexplorado, pela simples razão de que muito poucos artistas literários se dedicavam ao jornalismo narrativo; quando o faziam era na forma de ensaios de viagem ou auto-

A EXPERIÊNCIA DO LABIRINTO 157

biografias. A partir de *The muses are heard*, comecei a pensar "em linhas" muito diferentes: eu queria produzir um romance jornalístico, uma obra de grande porte que tivesse a credibilidade do fato, a instantaneidade do cinema, a profundidade e a liberdade da prosa, e a precisão da poesia. [...] eis-me aqui, nas trevas da minha loucura, totalmente a sós com meu baralho –, claro, com o chicote que Deus me deu.

Ainda que os momentos de textualização possam gerar o que Capote chama de "romance de não-ficção" ou "romance sem ficção", no caso do depoimento de Seu Nivaldo optamos por níveis mais simples de exercício textual ("limpamos" alguns "vícios" de linguagem e agrupamos tematicamente alguns recortes espalhados pelo texto).

A tendência dos trabalhos no Grupo de Pesquisa tem sido por desenvolver a textualização e poucos o fazem de forma mais radical (a maioria limita-se a um exercício muito próximo do que realizamos – exclusão das muletas lingüísticas desde que não se perca, com isso, o tom vital do depoente; ao que se segue um reagrupamento temático – ou o que na sociologia tem sido chamado de "fichamento temático" – o depoimento é recortado em temas que se aglutinam em grupos, sendo dado a cada um desses grupos um título).

A interferência no texto gerado pelo depoimento – a textualização – é freqüentemente questionada. Deve-se compreendê-la não como uma intervenção num texto que é de outro, mas como uma elaboração do pesquisador a partir do que o outro narrou. É um texto, portanto, de autoria, já impregnado de interpretações e vieses. Ainda que usemos – não poucas vezes – falar de uma co-autoria da textualização, ocorre que a escrita do pesquisador já está manifestando os momentos daquela hermenêutica que foi disparada no mesmo instante que a própria possibilidade da pesquisa foi aventada. Como o editor de Astérion, talvez desejássemos um Seu Nivaldo monstro, desolado, afastado. Talvez quisessem alguns um Seu Nivaldo como feliz em meio às diversidades, descobrindo grandeza na dor. Essas perspectivas, de um modo ou outro, inscrevem-se junto ao registro escrito daquele momento evanescente do contato face a face do entrevistador com o entrevistado.

Deve-se assumir que não há, definitivamente, neutralidade em pesquisa. Ainda que preservássemos e divulgássemos somente a fita gravada, ainda que nos bastassem as transcrições em seu estado mais bruto, toda uma gama de possibilidades e interpretações já estaria, insinuante, nesses materiais. Como estratégia para dar ao depoente certo controle (ou conhecimento) sobre o que dele será registrado, há um momento reservado às correções e conferências, ao final do que uma carta de cessão de direitos é por ele assinada, contendo todos os termos, segundo os quais a divulgação e o uso dos textos (escritos e orais, gravados) pode ocorrer. Trata-se não só de um respeito com relação ao depoente e seu depoimento, uma possibilidade de co-operação e um registro dessa co-operação, mas também de um cuidado de natureza jurídica. E os momentos de conferência, checagem e cessão de direitos serão mais elaborados quanto forem as exigências, decisões e possibilidades dos envolvidos. Para alguns, o registro oral da cessão já é suficiente, como o foi no caso de Seu Nivaldo. Com uma alfabetização deficitária, decidimos que leríamos a textualização a ele e gravaríamos essa leitura, ao final do que pediríamos que registrasse suas impressões, autorizando ou não a continuidade da pesquisa. Para outros, o documento há que ser detalhadamente elaborado (alguns pesquisadores afirmam que essa situação é usual aos depoentes com maior grau de escolaridade e às figuras públicas ou aos iletrados anônimos cujas famílias, temerosas, exigem maior "clareza" nos termos "do contrato"). De certo, há que não há regras: nas pesquisas desenvolvidas no Grupo vivenciamos várias situações que nos permitem assegurar que não há como caracterizar *aprioristicamente* esses momentos. Houve um caso em que a redação simples e clara dos compromissos, na carta de cessão sugerida pelo pesquisador, foi recusada em detrimento a uma redação incrivelmente ilegível e gramaticalmente incorreta elaborada pelo "advogado da família" do depoente. Houve caso em que a família sugeriu que a carta de cessão, "talvez", devesse ser paga pelo entrevistador. Uma constatação vem se mantendo de forma mais estável: os mais velhos, especialmente aqueles que, com a pesquisa, se vêem pela primeira vez na posição de personagem, narrando suas

A EXPERIÊNCIA DO LABIRINTO 159

experiências (experiências geralmente, assumidas por eles próprios como desinteressantes, comuns – embora nem sempre pensem assim) demoram-se mais nos momentos de checagem, exigindo inúmeras idas e vindas, reescritas, correções. Alguns memorialistas defendem que, nesses casos, os depoentes querem se manter, tanto quanto possível, na posição de personagem...

Não só em razão da dificuldade de estabelecer parâmetros fixos de ação, mas também – e principalmente – pela natureza fluida da pesquisa qualitativa, em que os procedimentos vão se configurando frente aos dados[9] obtidos pelo pesquisador, temos proposto uma regulação (não uma regulamentação) metodológica.

"Regular" diz do dirigir, regrar, estabelecer e facilitar por meio de disposições. "Regulamentar" fala da sujeição a regulamentos. Sendo intencional, visando a uma finalidade, a pesquisa – como qualquer outra esfera da vida humana – pede por critérios que, direcionando as ações que buscam alcançar objetivos, organize e ordene – ao menos minimamente – o caótico.

Entende-se por regulação um processo em que grupos que se constituem socialmente discutem e esclarecem continuamente as finalidades que organizam sua vida em comum, de forma que os procedimentos de convivência e realização de ações coletivas estejam em adequação com as finalidades compromissadas coletivamente. As finalidades acordadas são a única e genuína fonte das regulações que necessitam ser combinadas para ir organizando e dando eficácia ao desenvolvimento das ações comuns. Em vez disso, vive-se, como "natural", uma sociedade regulamentada, com a característica dos regulamentos multiplicarem-se como tentáculos de um nefando e infindável polvo que passa a constituir a "vida" de cada instituição, até sufocar qualquer possibilidade de uma vida real, autônoma, libertadora para as pessoas que as constituem. Como os regulamentos

---

9   Há pesquisadores que diferenciam dados de informações. O pesquisador em campo coletaria informações que ele assumiria ou não como dados para sua pesquisa. O dado, portanto, é constituído pelo pesquisador exercitando-se na pesquisa. Essa diferenciação – ainda que pareça artificial a alguns ou meramente didática e classificatória a outros – ressalta a sempre latente hermenêutica dos processos investigativos.

160 ANTONIO VICENTE MARAFIOTI GARNICA

investem-se, ideologicamente, das características de "democracia" e de servirem ao "bem comum", tornam-se "naturais" e passam a afigurar-se como "princípios" inquestionáveis, muito embora a grande maioria chega para essa "vida" coletiva onde o embrulho já está pronto e ser-lhes apresentado como o "melhor possível", elaborado por quem "sabe o que faz". Ora, decorre daí "naturalmente", dado que cada regulamento é o "melhor possível", que é o "melhor" para todos e para todas as situações.[10]

A regulação de uma prática científica ou de uma forma específica de pesquisar coloca-se, agora, em nosso panorama.

A quantificação alterou significativa e ideologicamente a natureza da pesquisa científica, à luz do paradigma clássico, dificultando a aceitação de outras formas de investigar. Abrahan Moles acertadamente reconhece que "A medida ser algo bom" passou a ter a interpretação hegemônica "Algo só é bom se pode ser medido" e, nessa cadeia de elos ideológicos, a pesquisa aceita é aquela que utiliza a medida em larga escala, ancora-se em métodos matemáticos, substancia-se "quantitativamente". No contexto acadêmico atual, é ainda bastante nítido o eco dessas afirmações, embora a pesquisa de natureza qualitativa já tenha cavado algumas trincheiras e se colocado em cena, dispondo-se ao debate. Expondo-se, expõem-se também alguns de seus flancos.

A quantificação não é o único elemento a garantir a validade, a veracidade, a confiabilidade e nem mesmo é possível em várias situações.[11] Do mesmo modo como a paixão pela medida foi articulada

---

10 Essas disposições são de Geraldo Bergamo, divulgadas em documento interno, enviado ao Conselho de Curso da Licenciatura em Matemática da Unesp de Bauru no ano de 2000.

11 Um exemplo extremo desse fascínio pela quantificação pode ser dado por uma situação-problema comum aos textos de Cálculo Diferencial e Integral voltados à aplicação da matemática: "O gráfico da função $Q(t) = B - A \cdot e^{-kt}$, onde B, A e k são constantes positivas, é chamado de curva de aprendizagem. O nome surgiu quando psicólogos constataram que funções dessa forma descrevem a relação entre a eficiência com a qual um indivíduo faz um certo trabalho e a quantidade de treinamento ou experiência possuída pelo indivíduo. Para esboçar o gráfico da função $Q(t) = B - A \cdot e^{-kt}$, observe que $Q(0) = B - A$, que $Q(t)$ tende para B quando t cresce indefinidamente ($t \rightarrow \infty$) e que $Q(t)$ decresce indefinidamente quando t também decresce indefinidamente".

A EXPERIÊNCIA DO LABIRINTO 161

ideologicamente, as regulamentações também o são. Regras nos dão algumas certezas cômodas, nos dão segurança. Regras absolutas nos dão certeza, segurança e confiabilidade absolutas. Transferem-se as responsabilidades para as regras do mesmo modo como a responsabilidade do pesquisador em relação ao pesquisado, na vertente quantitativa, transfere-se para o método.

Na busca de uma dita segurança para o desenvolvimento de pesquisa em modalidades qualitativas, proliferam as denominações, os itens a serem seguidos, as listas desses itens.[12] A novidade da abordagem qualitativa ou de uma "pretensa abordagem qualitativa" é a palavra de ordem nas ciências – nitidamente nas chamadas ciências humanas – e acaba por revestir-se da ausência de raízes fundantes – característica típica do modismo – para fixar-se na busca de receituários sobre "como fazer o que – julga-se – dever ser feito". Torna-se, assim, essa pesquisa qualitativa, passível daquela regulamentação que torna rígida – mas segura – a ação: é a tentativa de evitar tropeços e, talvez, impermeabilizá-la em relação às possíveis – e necessárias, e vitais, e produtivas – críticas. Passa-se "naturalmente" da necessária regulação ao espartilho da regulamentação.

A tessitura fluida e leve das malhas qualitativas – uma de suas maiores dificuldades, mas, sem dúvida, sua maior vantagem por dar-lhe poder de abrangência – parece ser um obstáculo natural principalmente àqueles que inicialmente se defrontam com o modo qualitativo de pesquisar. Soltos no mar da liberdade, os pedidos por regulação – não poucas vezes – transformam-se em desejo de regulamentação.

No caso do ensaio que parte do depoimento de Seu Nivaldo, nossas disposições de tomar partido de alguns princípios, mas caminhar por adequações, confrontos e complementações numa trajetória relativamente livre, permitiram-nos compreender não só o universo da

---

12 Em termos gerais, na essência dessa necessidade de regras está a necessidade de recorrer a alguma autoridade, o que a pesquisa qualitativa pode, por sua própria natureza, se não evitar, ao menos minimizar. Ainda assim, o fascínio pelas regras, pelas classificações, pelas nomenclaturas e subnomenclaturas é cada vez mais evidente.

hanseníase num quadro histórico e institucional (ao que se aliam as compreensões que tivemos sobre a própria doença, obviamente), mas também de nos compreendermos, compreendendo algo que desconhecíamos quase que inteiramente. Pensamos que essa trajetória, por fim, constitui um exercício de meta-análise, pois, em síntese, analisa um processo analítico que defendemos ser caótico – em sua origem –, nutrido por inúmeras referências – e, portanto, caótico também em seu desenvolvimento – e potencialmente interminável.

Pesquisa qualitativa: categorias, posturas

> *"Minhas obras todas na significação verdadeira delas eu as mostro nem mesmo como soluções possíveis e transitórias. São procuras. Consagram e perpetuam esta inquietação gostosa de procurar. Eis o que é, o que imagino será toda minha obra: uma curiosidade em via de satisfação".*
> (Mário de Andrade)

Optar por uma abordagem qualitativa de pesquisa exige, antes de tudo, uma postura. E talvez seja mesmo essa postura o que caracteriza, define, dá significado ao adjetivo "qualitativa", ainda que possa parecer lacunar e evasiva uma afirmação nesses termos. Trata-se da postura de colocar-se ante as descrições esperando que delas surjam indícios que guiarão nossas compreensões. É claro que qualquer enfrentamento dessa natureza pressupõe conhecimentos, perspectivas e domínio do mundo por parte do pesquisador. Esses se manifestam como pressupostos existenciais dos quais o pesquisador não pode abrir mão, ainda que queira. As coisas que nos dispomos a conhecer são coisas do mundo, com as quais nos relacionamos, e desprendê-las desse solo, desprender-nos do mundo ou de princípios que o contato com o mundo nos ajudou a definir, é uma tarefa impossível. Mesmo na fenomenologia, espaço teórico em que a *epoché* (uma suspensão, um descolamento) é fundamental na

A EXPERIÊNCIA DO LABIRINTO **163**

trama investigativa, essa atitude é artificial[13] (ainda que extremamente produtiva).

Assim, quando nos lançamos a compreender algo a partir do que o outro nos descreve, estamos inseridos num campo de significações em que muitos elementos já nos são disponíveis. É exatamente por isso que algumas percepções se impõem a nós como certezas, antes mesmo de buscarmos depoentes e antes, portanto, de ouvirmos suas narrativas. Isso, entretanto, não significa que todas as cartas do jogo são marcadas e que o pesquisador apenas use seus depoentes para certificar-se de seus pressupostos, para comprovar ou não uma hipótese. Essa é uma postura radicalmente contrária a que defendemos como qualitativa. Afirmamos: ainda que algumas compreensões (certezas até) nos sejam claras de início, dadas as estratégias e conhecimentos prévios de que dispomos, a postura qualitativa vincula-se à possibilidade de que novas compreensões possam surgir e de que compreensões prévias possam ser reconfiguradas a partir das descrições coletadas.

Vinculada a essa postura está naturalmente aquela de despir-se, tanto quanto possível, de referenciais teóricos prévios. Os referenciais teóricos prévios, quando aplicados aos depoimentos que pretendemos analisar, configuram, na verdade, uma checagem, uma operação oposta, portanto, àquela disposição de permitir que dos depoimentos surjam compreensões. Tal é o pressuposto que leva os teóricos a definirem como uma das características da pesquisa qualitativa a ênfase na trajetória, no processo, em detrimento do produto.

Nesse particular aspecto, entra em jogo o tema das "categorias", um termo que tem participado com muita freqüência de nossos discursos ainda que segundo acepções bastante distintas.

---

13 Assumir como artificial a redução da *epoché*, proposta na esteira de toda uma filosofia ocidental e, inicialmente, pelos pensadores originários dessa filosofia, exige uma explicação. Referimo-nos à artificialidade dessa suspensão no sentido de que – como reconhecido pelo próprio Husserl – esse movimento, em sua íntegra, como um exercício pleno e "real", é impraticável. Entretanto uma postura dessa natureza é vital para, descritivamente, descortinarmos compreensões acerca de um fenômeno. É nesse sentido "relativizado" que pretendemos inscrever o adjetivo "artificial" atribuído à *epoché*.

164 ANTONIO VICENTE MARAFIOTI GARNICA

"Categoria" é um termo que nos remete a Aristóteles, especificamente ao primeiro dos livros do *Organon*. Em seu tópico IV, já no primeiro parágrafo, lemos:

As palavras sem combinação umas com as outras significam por si mesmas uma das seguintes coisas: o que (a substância), o quanto (a quantidade), o como (a qualidade), com que se relaciona (relação), onde está (lugar), quando (tempo), como está (estado), em que circunstância (hábito), atividade (ação) e passividade (paixão). Dizendo de modo elementar, são exemplos de substância, homem, cavalo; de quantidade, de dois côvados de largura, ou de três côvados de largura; de qualidade, branco, gramatical; de relação, dobro, metade, maior; de lugar, no Liceu, no Mercado; de tempo, ontem, o ano passado; de estado, deitado, sentado; de hábito, calçado, armado; de ação, corta, queima; de paixão,[14] é cortado, é queimado.

Assim, as categorias aristotélicas são os predicados possíveis às proposições possíveis e dizem do ser (por isso Aristóteles, segundo Lalande, "chame *categorias do ser* e, por abreviação, categorias às diferentes classes de ser ou às diferentes classes de predicados que se pode afirmar em um sujeito qualquer"). Em filosofia, além dessa acepção primitiva, aristotélica, Lalande captura outros dois registros: o sentido kantiano de categorias ("conceitos fundamentais do entendimento puro, formas *a priori* do nosso conhecimento, representando todas as funções essenciais do pensamento discursivo" e que se deduzem da natureza do juízo e podem ser ligadas a quatro grandes classes: quantidade, qualidade, relação e modalidade. Esse sentido kantiano será reinterpretado por Renouvier, ainda segundo Lalande, que dá ao termo o sentido de "leis primeiras e irredutíveis do conhecimento, as relações fundamentais que lhe determinam a forma e lhe regem o movimento. Elas compreendem, para ele, o tempo e o espaço"), e o entendimento menos técnico ("os conceitos gerais com os quais um espírito – ou um grupo de espíritos – tem o hábito de relacionar seus pensamentos e seus juízos").

---

14 Afecção (ser afetado por), pensamos, seria um sinônimo até mais adequado que o termo "paixão" da versão portuguesa.

A EXPERIÊNCIA DO LABIRINTO **165**

Afirmar, portanto, que a pesquisa qualitativa se pauta pela formação de compreensões em trajetória e enunciar essa disposição como um não estabelecimento de "categorias *a priori*" ou "categorias aristotélicas" é, em sentido mais elaborado, inadequado, se tomamos o termo "categoria" em seu sentido filosófico primitivo. Recorramos mais uma vez à Lalande:

> Como diversos outros termos filosóficos primitivamente técnicos, "categoria" entrou na linguagem corrente, em que é freqüentemente utilizado, ao contrário de seu sentido escolástico, para designar as diferentes espécies do mesmo gênero. [...] Este uso liga-se talvez ao sentido geral de "atributo", mas mais provavelmente ao fato de que o sistema das categorias – categorias do ser – fornecia um exemplo característico de divisão preestabelecida. Assim, a palavra é usada sobretudo neste sentido quando se trata de distinções estabelecidas por uma autoridade entre pessoas ou coisas que apresentam uma mesma característica geral, a fim de tratá-las diferentemente. Mas essa utilização não é correta na linguagem filosófica.

Quando nos referimos a categorias aristotélicas, estamos freqüentemente nos referindo a um agrupamento preestabelecido de características. Talvez por isso, aceitando a determinação de Lalande, o mais sensato seja nos referirmos a "classes" ou "grupos" para nomear o que o pesquisador detecta ao analisar os depoimentos coletados. Esses agrupamentos podem ocorrer de modo *apriorístico* ou *a posteriori* e podem, ao mesmo tempo, estar enraizadas em teorias prévias bem definidas (que são uma tentativa de "fixar" um certo significado – aquele atribuído a um termo ou uma expressão dentro de uma determinada teoria) ou serem meras formas de organização às quais o pesquisador recorre de forma mais livre, mais subsidiado talvez pelo senso comum e por seus pressupostos existenciais prévios (esse segundo caso caracteriza a classificação mais como forma de nomeação de um grupo cujos elementos manifestam proximidades).

A partir do depoimento de Seu Nivaldo, alguns agrupamentos podem ser nitidamente formados. Por exemplo, aqueles momentos do depoimento em que ele fala especificamente da doença poderiam ser

166 ANTONIO VICENTE MARAFIOTI GARNICA

classificados no grupo HANSENÍASE e incluiriam aspectos técnicos da doença e de seu tratamento (sinais da manifestação, as formas de contágio, os tratamentos possíveis, presentes e passados); os recortes do depoimento em que Seu Nivaldo relata a vida no Asilo-Colônia poderiam ser agrupados sob o título A VIDA NO SANATÓRIO (que poderia incluir, por exemplo, aspectos relatados sobre o espaço físico do sanatório, os momentos de lazer, a divisão de trabalho, a alimentação, as pessoas e suas famílias etc) e, nesse percurso, talvez um terceiro grande agrupamento: A EXCLUSÃO (constituídos dos recortes em que são relatados aspectos da vida dos hansenianos que ressaltam a exclusão como a internação compulsória, as viagens em trens lacrados, a revogação dos direitos civis, o desejo – e a impossibilidade – de re-adaptação à vida fora da colônia, o contato com parentes e amigos não-infectados etc.). Outros grupos, certamente, poderiam ser formados, e isso dependerá do modo como o pesquisador lê o depoimento.

Tivessem sido coletados depoimentos de outros ex-hansenianos, uma comparação entre grupos (e entre elementos dentro de cada grupo) seria possível. Talvez até outros agrupamentos pudessem ser constituídos. Além disso, deve-se perceber que, no caso dos agrupamentos indicados como exemplo para o caso do depoimento de Seu Nivaldo, os grupos poderiam ser estabelecidos inicialmente (*a priori*, logo quando do primeiro encontro, ainda informal, com Seu Nivaldo) ou serem formados a partir do depoimento (*a posteriori*) de Seu Nivaldo. Não importa. Importa, sim, ressaltar que não há um movimento teórico prévio, nesse caso, que explique as situações descritas em cada um dos grupos. Constituir os grupos, selecionar os recortes que o comporão, perceber recortes comuns nos grupos, detectar momentos da narrativa que não se enquadram em nenhum dos grupos formados e estudá-los separadamente etc organizam um certo panorama que, depois, poderá ser elaborado teoricamente: Foucault poderá ser chamado para auxiliar a compreensão dos mecanismos de seqüestro; Certeau pode ser chamado para auxiliar a compreender o processo de formação de espaços, lugares praticados por uma comunidade; algumas referências da área de saúde poderão explicar com mais detalhamento a natureza da doença e suas formas de tratamento etc.

A EXPERIÊNCIA DO LABIRINTO 167

Ainda que haja uma predisposição para a análise a partir dos referenciais a que o pesquisador tem acesso (a qualquer leitor de *Vigiar e punir*, por exemplo, ocorreria a possibilidade de seu Nivaldo poder exemplificar, como uma atualização, algumas situações descritas por Foucault), a postura qualitativa está fundamentalmente enraizada na disposição de se ouvir o depoimento, ainda que a hermenêutica latente a esse ouvir já encaminhe para uma compreensão ou outra, para uma forma de proceder ou outra.

O essencial à postura está em não desprezar momentos do depoimento que, em princípio, o pesquisador não sabe como tratar, mas, ao contrário, partindo desses momentos, procurar aportes ou mesmo construir um aporte julgado adequado. As linhas de demarcação dessa postura, como até aqui abordadas, são realmente tênues, finas, delicadas. Pressupõem uma disposição de tratar indutivamente o depoimento ou o conjunto de depoimentos que se tem e não tomá-los para exemplificar teorias prévias – regiões já plenamente configuradas e vinculadas a uma interpretação – ou para comprovar ou não hipóteses. Compreensões, em processos qualitativos, formam-se e ao se formarem são mais aprofundadas no próprio movimento de sua formação (o que se dá, por exemplo, com as inúmeras releituras que são a estratégia principal para o início da análise).

Ao agrupar e estudar os agrupamentos sob o viés teórico de que o pesquisador resolveu se apropriar ou construir (uma construção que parte de referenciais prévios, dado que nenhuma configuração dessa natureza surge de um vazio conceitual, mas é também ela constituída num jogo de contrapontos), o pesquisador compromete-se. E essa é uma decorrência natural da postura assumida quando da opção por um viés qualitativo de análise, ao contrário dos métodos estatísticos, por exemplo, que dão ao pesquisador uma configuração que ele tratará de interpretar, mas cuja responsabilidade, via de regra, será creditada ao método.

O "via de regra" da frase acima é um diferencial considerável (explicita uma diferença radicada numa postura). O método estatístico, o levantamento e a organização de dados quantitativos não são elementos suficientes para caracterizar uma diferenciação em relação

168 ANTONIO VICENTE MARAFIOTI GARNICA

à abordagem qualitativa de pesquisa. Também o pesquisador, numa trajetória qualitativa, pode valer-se das tabelas, das quantificações, das amostragens. Elas fornecerão uma configuração possível da situação em foco, a partir da qual ele tramará (será sujeito, portanto, não assujeitado aos resultados dos testes) um diálogo com outras situações e perspectivas de que dispõe ou que previamente teceu (e pelas quais se responsabilizou).

Assim, fundamentalmente, uma postura qualitativa pode ser caracterizada pela aposta na compreensão a partir dos dados de que dispõe, numa trama indutiva, pela qual o pesquisador responsabiliza-se do começo ao fim (inexistindo entre começo e fim a certeza de pressupostos estáveis, procedimentos lineares, interpretações unívocas ou estratégias infalíveis).

Nesse exercício pleno de incertezas – caótico, temos assumido –, o pesquisador vale-se de suas vivências e da pergunta que dirigirá seu estudo (uma pesquisa não surge de um nada). A pergunta poderá ser dada em uma forma clássica (de uma sentença interrogativa) ou alternativa (a explicitação de qual cenário pretende-se constituir, ou quais temas serão assumidos como inicialmente centrais). Neste nosso ensaio, evidencia-se uma interessante particularidade: o depoimento foi coletado sem a perspectiva de uma pesquisa em que fosse utilizado. Interessou-nos, em princípio, uma história de vida, um relato – e por isso nos dispusemos a coletá-lo. Havia, por certo, a perspectiva de uma pesquisa futura – o que efetivamente ocorreu com a necessidade de um ensaio para um exame de livre-docência – que utilizaria o recurso previamente coletado. Ainda assim, iniciada a "pesquisa", sua pergunta era vaga, mas suficientemente operacional para que o estudo fosse iniciado: tratar-se-ia de um exercício sobre metodologia e sobre história oral, e foram especialmente as circunstâncias que impuseram ao ensaio a configuração que ele tem hoje.

Disso fica que a postura do pesquisador, ao optar por um viés qualitativo de pesquisa, ainda que seja pautada por princípios estritos, dá a ele certa liberdade de ação em relação à escolha de procedimentos, de abordagens, de teorias. Uma liberdade pela

A EXPERIÊNCIA DO LABIRINTO 169

qual será responsável, mas, ainda assim, uma liberdade: aquela de dizer de si próprio tanto quanto diz daqueles cujos depoimentos coletou e analisou. Uma liberdade que lhe permite recorrer a formas híbridas de ação quer valendo-se dos métodos estatísticos quer valendo-se de agrupamentos que impõe previamente ou posteriormente como formas de organização julgadas mais adequadas para constituir compreensões que, *a priori*, não estão radicadas numa teoria e não têm, portanto, a intenção de prender os significados numa teia conceitual.

Nosso ensaio a partir do depoimento de Seu Nivaldo é um exemplo dessa diversidade de estratégias. Ainda que várias classificações fossem possíveis (demos o exemplo de uma), não agrupamos recortes dos depoimentos (novamente aqui as circunstâncias se impõem): o que nos deu uma (ou várias) porta(s) de entrada para o depoimento foi o conto de Borges, em torno do qual mais e mais referências foram sendo agrupadas. Apropriamo-nos de muitas dessas referências, permitindo-nos aliás certas concessões em relação ao universo no qual essas referências estavam fincadas. Assim, por exemplo, o texto de Cohen (as teses sobre os monstros), associado a uma postura pós-crítica na qual o artigo efetivamente se inscreve, foi usado como forma de sistematização de compreensões aos monstros como queríamos que eles fossem tratados (como evidências de exclusão, como recurso da arte para compreender diferenças etc.).

Disso resulta que o pesquisador, para amarrar compreensões, pode ter como referencial teórico algo constituído como um campo de diálogo entre autores cujas obras estão ligadas – ou são percebidas pelo pesquisador como podendo estar ligadas – entre si de algum modo, sob certas perspectivas que esse pesquisador acredita serem pertinentes e significativas.

Nessa trama constituiu-se nossa perspectiva quanto ao método (que, pensamos ter deixado claro, não se resume a uma coleção de procedimentos, mas é um conjunto de procedimentos munido de fundantes, um conjunto de argumentações – justificativas – que subsidiam estratégias de ação), vista como necessária para defender a história oral como um método qualitativo de pesquisa.

Educação matemática

Um ensaio que parte do depoimento de um ex-hanseniano e cuja análise vai buscar inspiração num conto de Borges e, com isso, traz à cena monstros, desvios, procedimentos, métodos, mitos, aspectos sociológicos, elementos de criminalística... Ora, pois bem. Mas como inscrever este ensaio na área da educação matemática?

Antes, como pensar educação matemática?

Temos defendido a educação matemática como região de inquérito que visceralmente vincula teoria e prática, um movimento (ressaltando o dinâmico de sua constituição em detrimento do estático de fronteiras ostensivamente delineadas). Essas disposições, entretanto, são vagas e mal-arrematadas ante as posições defendidas por Antonio Miguel, em texto recente.[15] Ainda que defendendo pontos de vista que guardam sincronia com o que pensamos ser educação matemática e que temos tentado colocar à luz para discussão, há que ressaltar a clareza e o apuro teórico – ausentes em nossas incursões sobre o tema – com que Miguel questiona o *locus* da educação matemática em relação às disciplinas acadêmicas já constituídas e institucionalizadas.

A educação matemática, afirma Miguel, "é uma prática social que não está ainda nem topologicamente diferenciada das demais no interior do espaço acadêmico, nem juridicamente estabelecida como campo profissional autônomo, nem, portanto, institucionalmente reconhecida como campo disciplinar", uma afirmação que torna necessário ao menos um esboço do que seja "prática social" e "campo disciplinar", dois conceitos que nortearão toda sua argumentação. Prática social será entendida "como um conjunto de conjuntos composto por quatro

---

15 Trata-se de artigo publicado em co-autoria por Ubiratan D'Ambrósio, Sonia Barbosa Camargo Igliori, Antonio Miguel e Antonio Vicente Marafioti Garnica, resultante do material preparado para apresentação no Grupo de Trabalho "Educação Matemática" na ANPEd, em 2004, e publicado pela *Revista Brasileira de Educação* em 2005.

A EXPERIÊNCIA DO LABIRINTO 171

elementos: 1) por uma comunidade humana ou conjunto de pessoas; 2) por um conjunto de ações realizadas por essas pessoas em um espaço e tempo determinados; 3) por um conjunto de finalidades orientadoras de tais ações; 4) por um conjunto de conhecimentos produzidos por tal comunidade". Tal definição dá flexibilidade ao definido, comportando as interações possíveis e necessárias entre práticas, que produzem conhecimento, apropriando-se de conhecimentos de outras práticas, assimilando-os ou ressignificando-os. Além disso, ressalta-se que toda prática social comporta uma atividade educativa em seu interior, "ainda que tal atividade possa ocorrer de forma difusa e até mesmo inconsciente", o que garantirá a manutenção de tal prática, assegurando as condições de produção e reprodução dos conhecimentos gerados em seu interior. Já o termo "disciplina" não terá seu sentido reduzido ao usual (de matéria escolar), mas será entendido,

sobretudo, como um campo autônomo de investigação e de formação profissional institucionalmente legitimado, topologicamente diferencia-do no interior do espaço acadêmico e juridicamente estabelecido como campo profissional autônomo. Conseqüentemente, utilizamos a palavra *disciplinarização* para nos referir ao complexo processo histórico-social de transformação de uma prática social em uma disciplina acadêmica.

Assim concebidas, as práticas sociais não são, já, instâncias disci-plinarizadas, tanto quanto o processo de disciplinarização não é visto como diretamente resultante dos poderes que circulam exclusivamente pela esfera acadêmica. O processo de disciplinarização de uma prática social só

é explicável com base no potencial de sintonização dos propósitos e dos conhecimentos produzidos no interior dessa prática com a viabilização dos propósitos subjacentes ao projeto político, social, econômico e cultural de grupos sociais com capacidade concreta de influir sobre a gestão político-administrativa da vida de uma nação.

Nesse contexto, a matemática – vista como prática social – não se responsabiliza pela produção de conhecimentos matemáticos para que

172 ANTONIO VICENTE MARAFIOTI GARNICA

à educação matemática caiba apenas encontrar as formas mais adequadas de divulgar esses conhecimentos. O campo onde foram fincadas as noções de prática social e disciplina desautorizam essa concepção linear, pretendendo evitar, portanto, "o pressuposto maniqueísta que associa produção com invenção e ensino com socialização, divulgação ou recepção passiva do conhecimento". Daí podermos afirmar que no esforço de manutenção de uma prática social como tal, em seu interior, além da produção dos conhecimentos intrinsecamente ligados a essa prática, outros são também produzidos e a ela incorporados, ainda que esses não sejam vistos por aquela comunidade de prática como essenciais, ou vitais e que até mesmo essa produção (uma *hubris*) não seja intencional.

Um exemplo dessa simbiose de produções pode ser visto na própria matemática e, portanto, não se pode afirmar que os esforços contrários a uma disciplinarização da educação matemática partam do próprio meio acadêmico, quer seja dos profissionais da matemática quer seja dos profissionais da educação. O surgimento das primeiras comunidades de educadores matemáticos vincula-se ao processo de disciplinarização da matemática – no que intervêm, obviamente, as condições contextuais. A intensificação das formas de comércio fez surgir a necessidade do ensino de aritmética comercial, para o que os mestres abacistas criaram suas escolas na Itália do século XIV. A invenção de novas técnicas militares, alguns séculos mais tarde, exigiu a criação de cadeiras de Matemática nos colégios e academias para tratar de assuntos como artilharia, cartografia e fortificações. A implantação das disciplinas escolares constituiu o solo que permitiu um movimento de profissionalização dentro das academias, com o surgimento da figura do matemático-professor. "Como se vê", continua Miguel,

> são inicialmente as "razões dos comerciantes", e posteriormente as "razões de Estado", as "razões de última instância" invocadas por Belhoste para explicar tanto a constituição de uma comunidade inicialmente indissociada e indiferenciada de matemáticos e educadores matemáticos como o processo de institucionalização e disciplinarização da prática social em matemática.

A EXPERIÊNCIA DO LABIRINTO 173

Com essas considerações fica mais plenamente fundada nossa perspectiva inicial, aquela da educação matemática como um movimento em ebulição, ainda não disciplinarizado, que se mantém como prática social cuja comunidade é diversificada, produzindo conhecimentos em vários e distintos domínios que são chamados à cena – no mais das vezes, intencionalmente –, visando a uma interação vital para que ela própria mantenha-se como prática social. Uma argumentação final sobre a disciplinarização da educação matemática – exigida por alguns segmentos, tida como desnecessária por outros, ou ainda vista como impossível por certa parcela da comunidade – deve necessariamente passar pelo exame da capacidade dessa massa de composição relativamente disforme, a cujos componentes temos genericamente chamado de "educadores matemáticos", para defender um projeto político-epistemológico com que possa intervir diretamente e de forma organizada junto aos mecanismos de poder ligados ao ensino e à aprendizagem de matemática; de estabelecer a independência de seu domínio frente aos domínios já estabelecidos institucionalmente (como o são a educação e a matemática, por exemplo).

Por agora, concordamos com Miguel em relação à dificuldade (ou à necessidade) de um tal projeto disciplinarizador. Ele, por seu turno, afirma não se sentir inclinado a participar desse projeto por acreditar que fazer educação matemática é fazer educação. Nós defendemos a riqueza de situações surgidas nesse domínio caótico que é o "entre"-áreas (até porque, ao contrário de Miguel, temos tentado nos estabelecer como educadores matemáticos num Departamento de Matemática e, por isso, enfrentando cotidianamente, de forma muito direta, os conflitos dessa situação). Manter-se num espaço (um "lugar praticado", segundo Certeau) onde intervêm, às vezes de modo muito violento, discursos radicados em diferentes domínios institucionais sob perspectivas muito distintas das que temos defendido tem nos exigido a criação de estratégias e táticas cada vez mais ousadas para manter certa configuração estável na rede de poderes fluida que é o cotidiano acadêmico. De todo modo, nessa rede de poderes estamos inscritos como educadores matemáticos, membros de uma comunidade, como afirma Miguel,

174 ANTONIO VICENTE MARAFIOTI GARNICA

eclética e heterogeneamente composta por professores de matemática que não pesquisam suas práticas e que não vêem com bons olhos os pesquisadores acadêmicos em educação matemática; pesquisadores acadêmicos em matemática e em educação que participam da formação desses professores, mas que não gostam muito de fazer isso e, se pudessem, não o fariam; de matemáticos que não pesquisam nem matemática e nem educação, mas que formam, a gosto ou a contragosto, professores de matemática; pesquisadores matemáticos que gostariam de fazer educação matemática, mas que se acham impedidos de fazer o que desejariam fazer; pedagogos e psicólogos, por alguns considerados matematicamente incultos, mas que realizam pesquisas em educação matemática; matemáticos conteudistas de última hora, moralizadores, arrogantes e inflexíveis, que se imaginam salvadores da pátria e legítimos proprietários e defensores do nível e do rigor da educação matemática da população; mas também por professores de matemática, pesquisadores em matemática, pesquisadores em educação matemática e outros profissionais que fazem e acreditam na educação matemática e tentam, de fato, levar a sério o que fazem.

Assumirmos o fato de pertencermos a essa comunidade, no espaço acadêmico de um Departamento de Matemática[16] do qual se evadiu grande parcela dos educadores matemáticos que constituíram, durante certo tempo, um núcleo de resistência e subversão, se, por um lado, nos exige muito, por outro, nos permite ousadias exatamente por não termos estabelecido, de modo definitivo, fronteiras em relação a outras áreas, outras disciplinas, outros discursos. Transitar por espaços escolares e acadêmicos, munidos de referenciais vários, tem sido ao mesmo tempo nosso problema e nossa vantagem em relação àqueles cujo espaço é defendido como impermeável a interferências internas. Ensinamos matemática a futuros professores de Matemática e tematizamos, em nossas pesquisas, exatamente essa formação em suas várias faces.

Nesse nosso horizonte convivem discursos heterogêneos, são focados objetos dos mais variados possíveis, segundo ópticas diversas (e até por vezes divergentes). Essa pluralidade de perspectivas e temas é, por

---

16   Trata-se do Departamento de Matemática da Faculdade de Ciências – Unesp – Bauru (SP).

A EXPERIÊNCIA DO LABIRINTO **175**

vezes, vista como negativa. Num *review* do livro de Ellen Langemann publicado em 2000, Jeremy Kilpatrick aponta o que autores julgam ser uma característica que a educação matemática compartilha com a ciência da educação: "A pesquisa em Educação Matemática é um campo confuso, um campo cuja esperança de estar dentre as ciências da Educação tem sido subjugada pela complexidade, naufragando num mar de teorias que competem entre si". Langemann, por sua vez, apresentando a ciência da educação como um campo mais geral, afirma que "a variedade que tem caracterizado a pesquisa em Educação, aliada à ineficácia das tentativas para o desenvolvimento de uma comunidade profissional auto-regulada, permite compreender porque a área nunca alcançou um alto grau de coerência interna". A natureza desses desarranjos a autora vai buscar na desvalorização do ensino (que, segundo ela, nos Estados Unidos, ocorre especialmente pela crescente feminização do exercício do magistério, que faz surgir uma burocracia sexista) e na disputa, ocorrida no campo acadêmico, entre as concepções fundadas em Thorndike e Dewey. Langemann, portanto, aposta num ponto de vista bastante diferenciado do nosso, avaliando negativamente a convivência de teorias complementares ou rivais, dispostas a explicar um mesmo processo, um mesmo objeto ou situação (a autora com isso parece visar uma disciplinarização da educação – que Kilpatrick coteja com a educação matemática – que subentende a necessidade de uma homogeneização interna).

No caso da pesquisa sobre formação de professores, região temática em que temos nos aventurado, julgamos que a variedade de objetos e procedimentos metodológicos que a vêm caracterizando é bastante salutar, ainda que pouco cômoda. Essa convivência entre várias abordagens parece ser reflexo da pluralidade de perspectivas com as quais, na prática, deparamos. Pensamos que essa multiplicidade de óculos teórico-metodológicos permite compreender a gama de concepções que atravessam tanto o discurso acadêmico quanto as práticas usadas para aplicá-lo ou as práticas que ocorrem em instâncias reais de ensino e aprendizagem de matemática (é essencial, julgamos, trabalhar segundo uma óptica em educação matemática que vincula organicamente prática e teoria).

Exatamente por conta dessa necessidade de interações e interlocuções, a variedade de enfoques – e passaremos a focar mais diretamente, para dirigir nossa argumentação, os enfoques metodológicos – é bem-vinda: ela representa a diversidade dinâmica que a pesquisa não poderia negligenciar. Pensemos na gama de abordagens qualitativas – mais significativamente presentes em nosso discurso metodológico atual, ao contrário do que ocorre com a produção americana, por exemplo – das quais os pesquisadores têm se valido, e na convivência dessas abordagens com aquelas iniciativas de natureza quantitativa. Há um arsenal de modos "qualitativos" de fazer e fundamentar esse fazer: a fenomenologia, as intervenções da didática francesa, a história oral, a psicanálise, as linhagens mais próximas à etnografia, os estudos de caso, os grupos de controle, as análises interpretativas (a hermenêutica, a semiótica). Um "objeto" escorregadio como a formação de professores, com seus múltiplos aspectos, não se deixaria apanhar por uma única técnica ou linha de fundamentação teórica.

Isso não significa, entretanto, que os limites das metodologias e de seus pressupostos teóricos não devam ser testados. Esse exercício, quanto aos limites teóricos, tem sido muito timidamente operacionalizado, o que fica claro se considerarmos as resistências a novas abordagens e posturas alternativas que ocorrem internamente em nossa comunidade, ressaltando que o discurso da flexibilidade para ouvir o diferente sempre foi arduamente defendido em educação matemática.

Temos nos esforçado muito pouco – se julgarmos que essa necessidade se estende à comunidade e não só a alguns pesquisadores – para colocar sob suspeita nossos fundantes epistemológicos. A sensível ausência de esforços para compreender quais são e como operam nossas concepções sobre o conhecimento nos afasta, cada vez mais, do processo de produção desse conhecimento, com o que nossos discursos naufragam nos já conhecidos processos que não ultrapassam a lógica formal, o princípio-meio-fim linearizado e justificado por um método bem-definido, com o que estaremos sustentando apenas ilusória e artificialmente nossas investigações.

Ainda que admitamos como salutar a convivência dos diversos fazeres metodológicos e suas diversas linhas fundantes, devemos

A EXPERIÊNCIA DO LABIRINTO **177**

também ressaltar a necessidade de serem continuamente avaliadas a qualidade e a pertinência dessa diversidade (caso contrário podemos estar incorrendo no equívoco de julgar como apropriada qualquer forma de intervenção, balizada por quaisquer parâmetros, com o que tudo seria permitido e tudo seria validado) e, conseqüentemente, como tem se constituído nosso discurso sobre educação matemática.

Por esse questionamento passa, necessariamente, aquele sobre a necessidade de constituição de uma comunidade disposta a auto-regular-se, para o que um desejo político é visceralmente necessário, ainda que sem a pretensão de uma disciplinarização. A constituição do discurso da educação matemática vincula-se à constituição de uma comunidade que fala de um *locus* que não é um espaço apartado de outros espaços, não é instância privilegiada, disciplinarizada, com um discurso unificado, mas um espaço no qual há princípios – ainda que mínimos (talvez o conjunto de finalidades orientadoras das ações numa prática social, como definida por Miguel) – de modo a permitir uma intervenção política mais efetiva nas várias instâncias que tratam, de uma forma ou outra, da matemática em situações de ensino e aprendizagem.

É imperioso que a educação matemática estabeleça, ainda que minimamente, alguns princípios (inegociáveis) para que se possa, com a cautela necessária, formar parcerias, buscar formas de negociação, gerenciar embates. Esses princípios passam, forçosamente, pela avaliação quanto aos limites de "nossas" teorias e as epistemologias que as sustentam.

A pesquisa sobre formação continuada de professores é um exemplo nítido da necessidade de parcerias. Não há, na educação matemática, um discurso "próprio" sobre essa modalidade de formação, ao passo que os profissionais da educação – embora não focando especificamente o "objeto matemático" – têm desenvolvido incontáveis estudos e alternativas de intervenção nesse panorama. Um diálogo entre essas produções é mais do que possível: é necessário para que um tratamento da especificidade – não a formação continuada de professores, mas a formação continuada de professores "de matemática" – seja possível, visando a intervenções mais adequadas.

178 ANTONIO VICENTE MARAFIOTI GARNICA

Ante as recentes determinações sobre a formação de professores em cursos de Licenciatura, a temática tem estado em cena de modo privilegiado: fala-se da necessidade de parcerias para um repensar dessa formação que, geralmente, ocorre num "entre"-áreas, de forma desconexa, fundada apenas numa prática que se perpetua pautada por uma ditadura paradigmática, justificada por um processo dito "histórico", embora já devêssemos ter aprendido que a origem não justifica a permanência.

É assim pensando a educação matemática que temos realizado nossas investigações sobre a formação de professores de Matemática. O andamento de nossas atividades de pesquisa, as interlocuções que nessa trajetória foram ocorrendo entre encontros e desencontros, nos levaram a focar as potencialidades da história oral para compreender aspectos dessa região temática: pretendemos – e é exatamente nesse ponto que estabelecemos a vinculação desse ensaio sobre história oral, disparado pelo depoimento de Seu Nivaldo, à educação matemática – constituir um mapa da formação de professores no país e mais, constituir esse mapa usando os recursos metodológicos da história oral ao mesmo tempo que essa constituição do recurso metodológico está sendo por nós estudada e avaliada.

Em outros termos: nossa intenção fundamental é constituir uma abordagem metodológica para a educação matemática (especificamente para os estudos ligados à formação de professores), em interlocução com outras áreas mais familiarizadas com essa abordagem metodológica. Mas, como pensamos, a análise da eficácia de procedimentos e da pertinência de seus fundantes – a análise de um método, em suma – deve ser pensada em trajetória. Não julgamos adequado estabelecer o método em definitivo para aplicá-lo em um ou outro exercício de pesquisa, isto é, não julgamos apropriado o estabelecimento *a priori* e acrítico de um método, herdado de outras áreas do conhecimento para nossas investigações que são realizadas em cercanias distintas daquelas freqüentadas por essas outras áreas.

Defendemos a idéia de que a avaliação contínua de procedimentos e seus pressupostos – a avaliação do método, repetimos – deve ser feita em trajetória. A apropriação de uma gama de informações sobre tal

A EXPERIÊNCIA DO LABIRINTO 179

método, em outras áreas, seria o disparador a partir do qual usaríamos, em nossas investigações, o "mesmo" método, mas já outro, pois complementado, reformulado, ampliado ou reduzido em algumas de suas disposições e formulações, no percurso das investigações. A primeira investigação que orientamos criou a possibilidade de utilização do método.[17] Num segundo momento (Baraldi, 2003), já transitando por entre as disposições que havíamos detectado no primeiro exercício, certos elementos foram aprimorados, outros reavaliados, assumindo novas configurações. Num momento ainda posterior foi criado o Grupo de Pesquisa "História Oral e Educação Matemática", cujos elementos, todos, em suas pesquisas, focavam seus "objetos" e, ao mesmo tempo, avaliavam, cada um sob sua perspectiva, o alcance e as limitações da história oral como recurso para a educação matemática.

O trabalho com o depoimento de Seu Nivaldo inscreve-se, pois, nessa trajetória de compreensões: é um estudo metodológico, um estudo sobre história oral, desenvolvido com a utilização da história oral, ao que acompanha – pois assim o decidimos fazer – uma análise tanto sobre o depoimento em si quanto ao percurso que constitui essa análise. O ensaio é, todo ele, como pensamos, uma meta-análise, uma análise sobre a análise, a análise de um método e suas potencialidades e limitações, uma análise desenvolvida em trajetória: constitui-se ao mesmo tempo que se constituem as compreensões que uma abordagem, em um determinado momento, nos permitiu constituir.

O objeto de estudo, neste nosso caso, não é propriamente pertencente à seara da educação matemática. Ainda assim, focá-lo nos permite trazer à cena conceitos, abordagens teóricas, temas, imagens etc também caras ao universo da educação matemática. Mas nos permitimos inscrever este nosso estudo como uma contribuição à educação matemática exatamente porque ele traz um exercício sobre um recurso metodológico que tem se revelado muito significativo para essa região de inquérito e, mais especificamente, para a reconfiguração do mapa (histórico) sobre a formação dos professores de Matemática no país.

---

17 Trata-se do mestrado de Gilda Lúcia Delgado de Souza defendido junto ao Programa de Pós-graduação em Educação Matemática da Unesp de Rio Claro (Souza, 1998).

Certamente, esse não é um projeto pouco ousado, e até o momento julgamos o estado de São Paulo relativamente bem mapeado, dado que já foram abordadas as regiões da Baixada Santista, a da Nova Alta Paulista e a região Oeste do estado. Da região Oeste, temos estudos sobre a formação de professores de Matemática também nas escolas rurais. Têm sido desenvolvidos trabalhos sobre a constituição e a identidade de grupos de estudo e pesquisa em educação matemática, partindo especificamente do Centro de Educação Matemática (CEM) de São Paulo e o Núcleo de Estudo e Difusão do Ensino da Matemática (Nedem) do Paraná; além de outros estudos no Oeste Paulista e nos estados de Goiás, Santa Catarina (e suas escolas alemãs) e Minas Gerais. Um dos trabalhos analisa o próprio Grupo de Pesquisa, sua constituição, suas práticas, suas concepções acerca da história oral (em sincronia com o projeto de análise contínua das produções), outros tematizam as concepções dos professores de Matemática e as Escolas Agrícolas. Esses trabalhos todos foram desenvolvidos no Grupo de Pesquisa "História Oral e Educação Matemática", e a eles incluímos este nosso ensaio que tem, como os outros, a perspectiva de, ao mesmo tempo que trata de um ou outro objeto mais específico, analisar a aposta na história oral como recurso metodológico significativo para a educação matemática.

Mapeamento: aspectos de um exercício de pesquisa

Como, afinal, tem se constituído esse mapa da formação de professores?

Um mapa – melhor até seria um mapeamento – da formação de professores de Matemática (de um modo mais geral "professores que ensinam Matemática") é por nós entendido como uma configuração aberta, uma possibilidade de reescritura das condições em que ocorreu essa formação, dos modos com que se deu a atuação desses professores, do como se apropriavam dos materiais didáticos, seguiam ou subvertiam as legislações vigentes etc.

A EXPERIÊNCIA DO LABIRINTO 181

Tal mapeamento não se faz, de modo pleno, por um único pesquisador, num curto período de tempo. São necessários esforços vários e devem ser chamados a interagir, para essa configuração, diversas áreas do conhecimento e suas abordagens, posto que o retraço histórico pressupõe, sob nossa óptica, a conjugação de diferentes perspectivas e enfoques, a possibilidade de entender centros e margens, ouvindo professores, alunos, funcionários e administradores cujas vozes, normalmente, são silenciadas ou inaudíveis. As fontes sobre as vidas de nossos principais atores têm sido, majoritária e usualmente, os estáticos registros escolares (diários de classe, boletins de supervisores de ensino, atas e livros de ponto) que pouco ou nada falam sobre suas expectativas sobre a profissão, seus encantamentos e desencantamentos, suas ansiedades, seus motivos e justificativas para terem desenvolvido suas experiências docentes como as desenvolveram, as imposições a que foram sujeitos, as formas de subversão que implementavam – ou não –, as possibilidades de formação a que recorreram, as limitações políticas, geográficas etc.

Não que os grandes vultos, os secretários de Educação, os acadêmicos, os ministros, os presidentes, os responsáveis pelas políticas públicas não possam contribuir para a formação desse cenário. Podem e o têm feito em algumas das investigações que temos conduzido, mas é importante ressaltar a necessidade de focar os que efetivamente freqüentaram os corredores e pátios, conviveram com os alunos, prepararam as merendas, viveram o dia-a-dia – muitas vezes desgastante – das escolas e não apenas uma idealização. Não se trata de ouvir apenas os excluídos, os casos desviantes, mas TAMBÉM de ouvi-los, e ressaltar suas perspectivas nesse cenário em que, mais freqüentemente, o foco na prima-dona tem apagado coro e orquestra.

Julgamos que, na composição do mapeamento proposto, uma rica pluralidade de aspectos pode ser resgatada a partir da narrativa dos professores, relatos que imprimem vida ao traçado histórico, preenchem as infinitas e profundas entrelinhas dos registros escolares. Tais narrativas têm sido registradas e interpretadas por nós como verdades que os sujeitos enunciam como suas, sendo assim aceitas. A memória filtra, reordena, fantasia. A memória interpreta, redimensiona, inven-

182 ANTONIO VICENTE MARAFIOTI GARNICA

ta, complementa. A memória nos permite constituir textos – como o são aqueles que compõem nosso mapeamento – nos quais também nós, como pesquisadores, reordenamos, interpretamos, fantasiamos, estabelecemos verdades que julgamos poder sustentar. É assim esse mapeamento coletivamente constituído: um outro texto na procissão de textos possíveis, sem a pretensão de uma significação singular.

As datas estão corretas, as situações, as grafias dos nomes, as personagens das muitas histórias que se entrelaçam? Certamente há um esforço para que isso seja colocado da melhor forma possível – e até por isso não dispensamos o recurso auxiliar dos documentos escritos e do cotejar entre depoimentos –, mas, certamente, esse é um dos aspectos mais banais no universo amplo que esses textos pretendem esboçar. Eles querem realçar a perspectiva de seus narradores e, assim, nem mesmo as questões sobre parcialidade se impõem: eles são sim, parciais, como seriam parciais um relato da escravidão pelo negro; um relato do cativeiro pelo prisioneiro e um relato das perseguições pelo homossexual. Parciais como seriam um relato da inquisição pela Igreja, da escravidão pelo senhor, do cativeiro pelo carcereiro.

A versão dos professores formados, atuantes e formadores que conhecemos a partir dos seus relatos, as narrativas que nos permitiram constituir momentos dessa história de formação e atuação são, definitivamente, um constructo ideológico como o é a historiografia:

> O fato de que a história propriamente dita seja um constructo ideológico significa que ela está sendo constantemente retrabalhada e reordenada por todos aqueles que, em diferentes graus, são afetados pelas relações de poder – pois os dominados, tanto quanto os dominantes, têm suas próprias versões do passado para legitimar suas respectivas práticas, versões que precisam ser tachadas de impróprias e assim excluídas de qualquer posição no projeto do discurso dominante. Nesse sentido, reordenar as mensagens a serem transmitidas (com freqüência o mundo acadêmico chama de "controvérsias" muitas dessas reordenações) é algo que precisa ser continuamente elaborado, pois as necessidades dos dominantes e/ou subordinados estão sempre sendo retrabalhadas no mundo real à medida que eles procuram mobilizar pessoas para apoiarem seus interesses. A história se forja em tal conflito, e está claro que essas necessidades con-

flitantes incidem sobre os detalhes (ou seja, a luta pela posse) do que é a história. (Jenkins, 2004)

É nesse cenário, pois, que o mapeamento que propomos vem sendo pensado e realizado. Apresentando um primeiro momento desse mapeamento (um texto[18] sobre a formação de professores na região Oeste do estado de São Paulo), finalizamos este ensaio.

Escolas, professores, caipiras

> *"Quando foi empregada pela primeira vez, nos anos 50, a noção de história imóvel [...] serviu como corretivo para a tendência de ver a história como uma sucessão de acontecimentos políticos. A história dos eventos, história événementielle, em geral ocorria por sobre a cabeça dos camponeses, no universo remoto de Paris e Versalhes. Enquanto os ministros iam e vinham e as batalhas se encarniçavam, a vida nas aldeias continuava imperturbável, bem semelhante ao que sempre fora desde tempos imemoriais."*
> *(Robert Darnton, 1986)*

A intenção deste último texto é exemplificar como o mapeamento por nós proposto tem sido desenvolvido. Mais especificamente, este artigo inicia uma discussão acerca da necessidade de um descentramento nos estudos históricos sobre a formação de professores e, especificamente, a formação de professores de Matemática. Considera-se que, quando tratado do ponto de vista historicamente hegemônico, o tema tende a centrar-se nas faculdades de Filosofia, desconsiderando trajetórias outras, como aquelas dos professores atuantes em cidades distantes de grandes centros. Este estudo, por ser desenvolvido considerando-se o Estado de São Paulo, é marcado pela figura do caipira – considerado

---

18 Trata-se de artigo recentemente publicado pela *Revista Educação e Pesquisa*, da Faculdade de Educação da USP.

184 ANTONIO VICENTE MARAFIOTI GARNICA

ora como elemento sociológico de características relativamente plenas ora como nomeação atribuída mais genericamente aos habitantes do interior paulista – e é apresentado em três blocos distintos. O primeiro deles trata da formação e atuação de professores de escolas rurais; o segundo trata mais especificamente do momento de expansão das escolas secundárias; o terceiro, das práticas dos professores na última região do estado a ser (re)colonizada pelo homem branco: o Extremo-Oeste. Embora utilizando fontes várias, as referências fundamentais para este estudo são os trabalhos de Maria Ednéia Martins, Ivani Pereira Galetti e Ivete Maria Baraldi – respectivamente desenvolvidos como projeto de iniciação científica, mestrado e doutorado –, sem os quais este texto seria impossível. As três pesquisadoras, em seus trabalhos, optam pela metodologia da história oral e pretendem contribuir, junto a outros trabalhos de um mesmo grupo de pesquisa, para o mapeamento da formação de professores no Brasil.

Embora assumindo-se como inscrito na tendência atualmente conhecida por "História da Educação Matemática", este artigo trata apenas de modo incidental do professor "de Matemática", sua formação e suas práticas. Tal opção é consciente e plasmada na constatação de que, quando focada em primeiro plano, essa adjetivação específica dilui as diferenciações que pretendemos ressaltar para, a partir delas, argumentar em favor do descentramento acima aventado.

O caipira e sua escolarização

> *"Beira-corgo, brocoió, bronco, capa-bode, casca-grossa, jeca, macaqueiro, mateiro, matuto, mandioqueiro, mocorongo, pé-no-chão, queijeiro, roceiro, sertanejo, sitiano: caipira."*

No texto já clássico de Antonio Candido, "rústico" exprimirá "um tipo social e cultural indicando o que é, no Brasil, o universo das culturas tradicionais do homem do campo; as que resultaram do ajustamento do colonizador português ao Novo Mundo, seja por transferência e modificação dos traços da cultura original, seja em virtude do contato

A EXPERIÊNCIA DO LABIRINTO 185

com o aborígine", e será tomado, por aproximação, à expressão "cultura camponesa". No caso brasileiro, continua Antonio Candido, "rústico" poderia ser tomado como "caboclo", embora em sua obra fique esse termo reservado para designar o mestiço, seja ele próximo ou remoto, de branco e índio. "Para designar os aspectos culturais usa-se aqui *caipira*, que tem a vantagem de não ser ambíguo (exprimindo desde sempre um modo de ser, um tipo de vida, nunca um tipo racial) e a desvantagem de restringir-se quase apenas, pelo uso inveterado, à área de influência histórica paulista."

Considerando que a história ocupa-se freqüentemente do que é documentado e que a documentação, geralmente, refere-se à vida das camadas dominantes, dois foram os recursos principais para a elaboração de *Os parceiros do Rio Bonito*: documentos de viajantes dos séculos XVIII e XIX que traziam indícios sobre o homem da roça, e longas conversas com "velhos caipiras de lugares isolados, a fim de alcançar por meio deles como era o 'tempo dos antigos'". Combinando orientações de sociólogo, antropólogo e historiador, Antonio Candido pretende compreender os problemas que afligem o caipira, tomando como apoio o problema elementar da subsistência, traduzido pelo estudo dos meios de vida, do equilíbrio entre as necessidades de um grupo social e seus recursos, estejam eles disponíveis ou sejam eles possíveis:

> as necessidades têm um duplo caráter natural e social, pois se sua manifestação primária são impulsos orgânicos, a satisfação destes se dá por meio de iniciativas humanas, que vão se complicando cada vez mais, e dependem do grupo para se configurar. Daí as próprias necessidades se complicarem e perderem em parte o caráter estritamente natural, para se tornarem produtos da sociedade. De tal modo podermos dizer que as sociedades se caracterizam, antes de mais nada, pela natureza das necessidades de seus grupos, e os recursos de que dispõem para satisfazê-las.

Texto que visa "descrever um *processo* e uma *realidade humana*, característicos do fenômeno geral da urbanização no estado de São Paulo" e cujo desejo do autor – embora ele próprio afirme que algumas de suas partes poderiam ser encorpadas e melhoradas – era de que seu

186 ANTONIO VICENTE MARAFIOTI GARNICA

tópico de conclusão servisse como introdução ao estudo da reforma agrária, *Os parceiros do Rio Bonito* dedica pouquíssima atenção à escolarização do caipira, ainda que o estudo já estivesse em curso desde 1947, tendo sido finalizado em 1954 e publicado em meados de 1964, o que abarca um longo período de mais de quinze anos, durante os quais, para a escola rural, transcorreu um tempo de vitalidade até um momento de relativo esgotamento.

Desde pequenos os filhos acompanham os pais, familiarizando-se de maneira informal com a experiência destes: técnicas agrícolas e artesanais, trato dos animais, conhecimentos empíricos de várias espécies, tradições, contos, código moral. No grupo estudado, eram quase todos analfabetos, homens e mulheres. Apenas um morador enviou o filho durante dois anos à escola rural, situada a cerca de meia légua; mas retirou-o, em seguida, por achar que, sabendo mais ou menos ler e escrever, já não havia razão para deixar de auxiliá-lo no trabalho. Ainda agora, portanto, a família é para todos a única instituição educativa, e certos pais vêem com desconfiança a alfabetização que os separa muito dos filhos, transformando-os em letrados. Segundo um morador, a filha que aprende rudimentos de leitura e escrita com a senhora de um fazendeiro já estava muito adiante dele, porque "sabia ver as letras". E ela própria alegava não ter necessidade de mais instrução, pois já sabia escrever o seu nome e o dos pais.

Ainda que outras fontes concordem acerca do grande número de analfabetos no campo e o baixíssimo nível de escolaridade da população rural, este único parágrafo referente à escolarização no texto de Antonio Candido vem qualificar essa situação – como fazem outros textos e outros teóricos – ao possibilitar uma leitura tendencialmente negativa em relação à importância que o caipira atribuía à educação formal, uma leitura até hoje entranhada em certas concepções que permitem à história da educação (e diremos mais especificamente à história da educação matemática) centrar seu foco nos grandes centros e suas instituições formadoras. "O caipira tem pouco estudo", ideologicamente, passa a significar: "O caipira escolhe ter pouco estudo". Em uma série de artigos sobre o ensino rural em São Paulo na Primeira República, Zeila Demartini afirma que a necessidade de escolarização sentida pelo

A EXPERIÊNCIA DO LABIRINTO 187

caipira sempre esteve ligada à possibilidade de superação das condições de vida, uma vez que a essa escolarização eram atribuídas possibilidades de melhoria e, fundamentalmente, "a possibilidade de superação da própria condição de agricultor". Tal luta pela escolarização antecede, "no estado de São Paulo, a expansão dos processos de urbanização e industrialização" e as aspirações dessas comunidades rurais têm sido deixadas em segundo plano pelo Estado "ficando à mercê dos interesses políticos e econômicos locais. Por outro lado", continua a autora, "justifica-se (mesmo entre sociólogos de renome) a baixa escolarização que esta população apresenta como resultado de seu desinteresse pelo estudo, o que nossos estudos empíricos têm desmentido".

O caipira atarracado, alijado do sistema produtivo moderno, carecia de regeneração moral, de "sustância" cultural, muito embora, acompanhando a implantação do sistema da rede educacional em São Paulo no primeiro período republicano, possamos detectar que "se os ideais republicanos eram amplos e dirigidos a toda a população, a política educacional adotada naquele período foi a de atendimento restrito e preferencial às populações urbanas, em detrimento das residentes em áreas rurais as quais, embora majoritárias, eram justamente aquelas consideradas, à época, como as mais avessas à educação escolar". Note-se a matriz ideológica desse discurso na documentação oficial:

> A educação do caboclo e dos seus filhos é, a nosso ver, muito mais difícil e complexa do que a do imigrante. O caboclo, inteiramente avesso à escola, não comprehende a vantagem della para si nem para seus filhos [...], não tem aspirações nem conforto de espécie alguma; tira dos elementos da natureza, com grande facilidade, tudo o que é necessário à sua pouca subsistência, o que o torna desambicioso [...]. As escolas que se destinarem aos caboclos e a seus filhos, a fim de preencherem seus fins, precisam ter uma organização toda especial. Seu escopo não será o trato do livro, mas sua regeneração moral, o levantamento de suas forças, o desenvolvimento de qualidades latentes, que elle as tem, mas sopitadas pelo descaso e abandono em que tem vivido; devem ter uma função profundamente regeneradora.[19]

---

19 Annuario do Ensino de São Paulo de 1917, citado por Zeila Demartini.

188 ANTONIO VICENTE MARAFIOTI GARNICA

Tanto quanto os trabalhos de Zeila Demartini e seu grupo em relação à Primeira República, nossos estudos sobre a escola rural apontam o modo perverso com que essa regeneração – julgada necessária em razão da impermeabilidade do caipira em relação à escola – foi implementada.

Terra de passagem: práticas escolares na zona rural

O estudo de Martins, focando a formação e atuação dos professores e alunos de escolas rurais entre as décadas de 1950 e 1960 (décadas que antecedem o êxodo rural que no Estado de São Paulo começa a ocorrer mais intensamente a partir dos anos 70), mostra que pouca coisa alterou-se nesse quadro. Malgrado o grande interesse e atenção com que as comunidades rurais viam a possibilidade e a necessidade de educação formal, as escolas rurais seguiam o critério de manter o oferecimento de classes até o "terceiro ano", impedindo as crianças da roça de terminarem o curso primário. Somente os grupos escolares, geralmente instalados nas cidades, ofereciam ensino até o "quarto ano". Obrigadas a trabalhar para auxiliar no orçamento familiar, era comum, nessa fase, que as crianças abandonassem os estudos. Ao discurso da igualdade de oportunidades – intensamente proclamado por professores e pela política educacional como uma totalidade – não se articulavam, como se pode claramente perceber, esforços para a igualdade de condições, como nos permite compreender Daniel Bertaux:

> O projeto social daqueles que denunciam as desigualdades é um projeto de moralização da sociedade capitalista: é um projeto reformista que se apresenta como um projeto progressista mas está, desde o início, condenado à impotência. [...] A idéia de desigualdade de oportunidades escolares é a expressão direta da ideologia meritocrática que assim se pode resumir: uma sociedade justa é uma sociedade que dá, a todos os seus filhos, oportunidades iguais – desde o ponto de partida. No ponto de chegada, pois bem, que ganhem os melhores! (E azar dos vencidos). Essa forma ideológica está profundamente enraizada no aparelho escolar e no

A EXPERIÊNCIA DO LABIRINTO 189

"igualitarismo pequeno-burguês". [...] Ao enfatizar a desigualdade de oportunidades, a idéia meritocrática desvia a atenção do que é essencial: as diferenças estruturais de condição, tais como resultam da estrutura de classe. [...] Ou a igualdade de oportunidades traz consigo a igualdade de condições; ou então – o que é muito mais provável – a desigualdade de condições, a curto prazo, leva à desigualdade de oportunidades.

O professor que atuava nas escolas rurais era formado em Escolas Normais e nenhum tratamento específico – relativo aos hábitos, experiências, clientela da zona rural – lhe era facultado durante essa formação. Aliadas a essa formação lacunar devem ser consideradas as dificuldades naturais enfrentadas por esses professores. Habituados à vida urbana – ainda que em cidades pequenas – eram precocemente levados a morar em sítios e fazendas, muitas vezes necessitando do amparo dos proprietários rurais,[20] convivendo com as dificuldades de locomoção e falta de materiais didáticos. Além dessas dificuldades, a extrema vigilância dos inspetores de ensino (que, se restringindo a uma posição de controle técnico, aplicavam as provas finais aos alunos e faziam visitas-surpresa para verificação dos diários de classe) e a falta de apoio pedagógico eram suportadas, visando a uma posição futura num grupo escolar. Trazendo em seus depoimentos uma visão idílica do camponês dócil, com seus hábitos saudáveis e seu modo de ser autêntico e natural – um bom selvagem – o professor da escola rural, saudoso e ávido pela urbanidade, fazia do campo uma "terra de passagem", deixando gravados, nessa sua curta permanência, rastros que apontavam vivamente para a distinção entre a posição de conforto das cidades em relação à vida difícil do campo. Seus depoimentos nos permitem compreender que o discurso da modernização, do bem-estar e do acesso aos bens de consumo, por eles tão árdua e amplamente divulgado, atuava no sentido de favorecer o desligamento do caipira de suas raízes, sendo um dos elementos propulsores do êxodo rural. O que se ensinava no

---

20 Segundo Demartini, essa disposição dos fazendeiros, muitas vezes divulgada como "de boa vontade", escamoteava interesses políticos variados como a necessidade de fixar os colonos para a formação de currais eleitorais e a valorização da propriedade, práticas também comuns ao coronelismo da Primeira República.

190 ANTONIO VICENTE MARAFIOTI GARNICA

sítio – dizem com orgulho os antigos professores – era tal e qual o que se ensinava na cidade, julgando fundamental essa educação para que o caboclo pudesse ingressar na vida urbana quando abandonasse o campo; um abandono que ocorreria mais cedo ou mais tarde em função das precárias condições da vida campesina, condições essas sempre ressaltadas, direta ou indiretamente, pelos professores aos seus alunos. Fincando a redenção de uma vida de negatividades na possibilidade de abandonar o campo, os professores – tanto quanto alguns discursos oficiais da época – confundem urbanização e êxodo rural: "O caipira é condenado à urbanização, e todo esforço de uma política rural baseada cientificamente deve ser justamente no sentido de urbanizá-lo, o que, note-se bem, é diferente de trazê-lo para a cidade" (Candido, 2001).

Muitas dessas reflexões vêm do trabalho de Maria Ednéia Martins e foram possíveis a partir da coleta e análise de depoimentos orais de onze professores, cinco alunos e um inspetor de ensino, abarcando um cenário geográfico de amplo espectro por onde circularam esses atores, envolvendo os municípios de Álvaro de Carvalho, Agudos, Araraquara, Arealva, Areiópolis, Avaí, Bauru, Bernardino de Campos, Cafelândia, Duartina, Cabrália Paulista, Echaporã, Gália, Iacanga, Lins, Martinópolis, Mineiros do Tietê, Nova Guataporanga, Ouro Verde, Pederneiras, Piratininga, Pompéia, Presidente Alves, Presidente Prudente, Reginópolis, Ribeirão Grande, Rinópolis, Santa Cruz do Rio Pardo, Santo Anastácio, Tibiriçá, Timburí e Uru, todos municípios do estado de São Paulo. Coincidem – e sob certos aspectos ampliam e aprofundam – com considerações de estudos anteriores acerca dessa formação do caipira em suas escolas rurais e permitem, ainda, compreender aspectos que transcendem a escolaridade no campo, possibilitando-nos lançar olhares para certos estrangulamentos do sistema educacional – em específico aqueles relativos à formação de professores – como um todo.

Quanto à relação entre escola, família e comunidade, o estudo de Martins mostra que não raro a própria comunidade tomava para si a responsabilidade de construir as escolas, não se submetendo simplesmente às condições dadas, mas desenvolvendo certas estratégias para garantir acesso ao saber escolar, tentando ultrapassar a precariedade do sistema oferecido pelo Estado, embora tais iniciativas, como efeito

A EXPERIÊNCIA DO LABIRINTO 191

colateral indesejado, colaborassem para a isenção de responsabilidade, pelos poderes públicos, no que diz respeito à manutenção e desenvolvimento dos núcleos escolares rurais e seus entornos. Ressalte-se, também, a decisiva participação da família na educação formal dos filhos. Nesse sentido, Martins detecta, em relação ao ensino de matemática, que os processos iniciais de contagem e rudimentos das operações fundamentais eram, muitas vezes, desenvolvidos em casa. Esse interesse manifestado tanto pela comunidade rural quanto pela família do aluno contribui para reconfigurar aquele quadro de aversão do caipira pela educação formal.

Ao mesmo tempo que atribuem certa "inadequação" à formação dada pela Escola Normal para a atuação que, necessariamente, teriam em escolas rurais, os professores assumem sua própria formação como alunos do ensino primário como o principal ingrediente para sua prática docente: assumiam posturas e reproduziam as abordagens dos antigos mestres. Essa desvinculação entre atuação e formação específica, uma formação "prática", fundada nas próprias experiências pelas quais passaram como alunos e alimentada pela própria experiência que vivenciavam como professores, verifica-se em outros tempos e outros espaços. Isso mostra claramente a impermeabilidade do sistema educacional real às intenções e prescrições das instâncias formais de formação e mesmo das políticas educacionais "obrigatórias".

Ainda em relação ao professor que atuou em núcleos rurais, Martins detecta o discurso dos muitos sacrifícios necessários para o exercício do magistério. Esse discurso é fundado na falta de material didático, na inadequação – ou inexistência – de apoio pedagógico, no despreparo dos docentes para atuar em classes multisseriadas, na dificuldade de acesso à escola, no despreparo para viver distante da família e dos confortos da urbanidade e no acúmulo de funções. Mas se, por um lado, revelam-se essas dificuldades, por outro, esse mesmo discurso revela que os sacrifícios não eram vividos desinteressadamente: eram como que exigências – tidas até como "naturais" – para o ingresso no magistério público, profissão almejada em virtude da falta de opções, pelo *status* social ou pelos bons salários; serviam, portanto, às aspirações individuais.

Embora os professores fossem responsáveis por toda a parte administrativa da escola e da docência, por muito tempo não participaram dos processos de avaliação final e de promoção de seus alunos: inspetores de ensino e diretores escolares desempenhavam essas funções. Aprendizagem, avaliação, reprovação e promoção são, aqui, tidos quase como sinônimos, uma "estratégia" que deve ser considerada à luz de um contexto que privilegiava, com pontos para a classificação em concursos de remoção, os professores com maior número de alunos promovidos. Havia vigilância constante sobre os professores, o que se pode notar nas declarações sobre as visitas dos inspetores de ensino,[21] que não eram anunciadas previamente, obrigando os professores a, em contínuo estado de alerta, manter o "bom funcionamento" da escola, e a se conservarem em constante estado de vigilância em relação aos outros e a eles próprios.

Aventa-se a possibilidade de, em razão das particularidades das escolas rurais e, especificamente, pelo seu regime de classes multisseriadas, os alunos desenvolverem certa autonomia, que pode ser concebida como potencialmente produtiva. Se as escolas urbanas – sem salas multisseriadas – eram, para muitos, um "modelo", as escolas rurais permitiam ao aluno uma experiência, ainda que forçada dadas as circunstâncias, de compartilhar conhecimentos para que todos, em seus ritmos, pudessem ser atendidos. O trabalho com classes multisseriadas não foi caracterizado como elemento negativo por nenhum depoente. Estratégias de ensino que motivam a autonomia do aluno rural; porém, segundo os relatos, sempre foram aplicadas num contexto que fortalecia modelos urbanos. Os alunos, convivendo com um ensino

---

21 É interessante ressaltar que a figura do inspetor de ensino surge com maior ênfase ao final da Primeira República. Segundo Demartini, "A criação das delegacias de ensino e o aumento do número de inspetores pelo interior pode ter sido um fato importante para romper, em parte, a dominação da política local sobre as escolas", numa época em que "a carreira do professor, que dependia legalmente de seu trabalho com os alunos, ficava de fato na dependência de autoridades não escolares" [...] "Evidentemente, os inspetores nem sempre estavam 'imunes' ao jogo das forças políticas, e tentavam muitas vezes fazer pressão em favor de um determinado grupo".

A EXPERIÊNCIA DO LABIRINTO 193

"igual" ao ensino urbano, por seguirem o mesmo programa de conteúdos, acabam por ter um ensino apoucado e superficial, levando-se em consideração que as condições da escola rural não permitiam que os mesmos resultados fossem obtidos.

A formação dos professores que ensinavam matemática nas escolas primárias apresenta-se como bastante lacunar, mas os conteúdos a serem ensinados eram bastante variados, embora nem sempre fossem cumpridos plenamente. Poucos docentes conseguem atingir um aprofundamento maior nos temas de matemática e chegar, por exemplo, ao estudo das frações e porcentagens. Há muita ênfase em relação ao sistema decimal – praticamente restrito à contagem –, às quatro operações fundamentais, à "resolução de problemas" (na verdade "problemas de aplicação"), e às tabuadas do dois à do nove, decoradas. As grandes dificuldades em relação ao ensino e aprendizagem dos "problemas" não estavam nas operações que deviam ser resolvidas, mas na compreensão de seu conteúdo tanto pelos professores quanto pelos estudantes (talvez por isso uma grande preocupação com a linguagem) e de qual estratégia utilizar em sua resolução. Maiores dificuldades, entretanto, são encontradas quando tratando da operação de divisão (principalmente por três algarismos) e à falta de habilidade para decorar tabelas de multiplicação, uma vez que até o terceiro ano os estudantes já deviam "saber" as tabuadas, o que possibilitaria agilidade nas operações e no encaminhamento dos "problemas".

Mesmo diante dessas várias dificuldades e lacunas, os alunos rurais que continuaram seus estudos avaliam, em seus depoimentos, sua formação como adequada. Mas o fato de alguns terem superado, ao menos em termos, as desigualdades de condições oculta o que, para a maioria, foi fator determinante para o abandono dos estudos.

Por uma conhecida e divulgada tendência de "queda nos padrões de ensino", o que se ensinou e se aprendeu na escola rural parece ter ficado como um mito de qualidade (de boa qualidade) na memória daqueles que vivenciaram o ensino no campo, especialmente como alunos, inviabilizando, para esses estudantes, a possibilidade de um posicionamento mais crítico quanto ao papel desempenhado pela escola na perda da identidade do homem rural.

194 ANTONIO VICENTE MARAFIOTI GARNICA

Formação e formalização:
práticas de formação para o ensino secundário

Quase que imunes ao que ocorria em seus entornos, as cidades tinham os grupos escolares[22] aos quais aspiravam as normalistas. À década de 1950, quando o sistema educacional rural nem bem começava a dar sinais de esgotamento (hoje as escolas rurais estão em pleno processo de extinção no interior do estado) e serviam como provação para o início da carreira,[23] quando o êxodo rural e o fenômeno geral de urbanização do estado de São Paulo causavam, ainda, poucas preocupações e quando, portanto, a reforma agrária – "que de lá para cá se tornou assunto banal", no dizer de Antonio Candido – era um discurso político ou tema de "investigações especializadamente econômicas e agronômicas", um fantasma sorrateiro – mas desejado – começa a invadir o espaço: a expansão do ensino secundário para o interior, para o que uma onda febril de construção de novos prédios escolares implantou-se. "O número de escolas estaduais existentes era pequeno em todo estado", nos lembra Gilda Lúcia Delgado de Souza (1998, p.260).

A construção dos prédios escolares ocorreu a partir dos governos de Jânio Quadros e Carvalho Pinto. Este foi secretário das Finanças de Jânio Quadros na prefeitura e no governo do estado de São Paulo em 1953 e 1954, tornando-se governador do estado de São Paulo em 1958. [...] o plano de governo priorizou construções de prédios escolares.

Não se trata mais, portanto, das escolas primárias: era a expansão do ensino secundário. Como, porém, prover de professores essas escolas construídas em cidades do interior, distantes da capital e de outras áreas paulistas (onde havia cursos de formação de professores, alguns, já à época, com alguma tradição e renome)? Era preciso intensificar a

---

22 Criados em 1894, seguindo o ideário positivista republicano e representando a vitória do progresso contra o atraso, da ciência contra a especulação infundada, já em 1904, por força de lei, os grupos escolares transformam-se em escolas urbanas.

23 É significativo registrar que os professores-depoentes na pesquisa de Martins (2003) consideram como início da carreira o momento em que assumem aulas em áreas urbanas.

A EXPERIÊNCIA DO LABIRINTO 195

formação de professores para o ensino secundário, do que as faculdades de Filosofia não davam conta. Surge, dessa necessidade, a Campanha de Aperfeiçoamento e Difusão do Ensino Secundário (Cades), criada durante o governo de Getúlio Vargas, em 1953. Embora dando tratamento emergencial ao problema, a falta de professores para preencher os quadros das escolas continuava flagrante quase uma década depois:

De dezembro de 1942 até outubro de 1960, cerca de 29.184 diplomas de professôres secundários foram registrados no Ministério da Educação e Cultura.[24] [...] Mais eloqüente que a linguagem dêsses números, porém, [...] fala a Campanha de Aperfeiçoamento à Difusão do Ensino Secundário – Cades – que, anualmente, organiza cursos de emergência, depois dos quais os candidatos se habilitam ao registro definitivo do professor, em grupos de matérias. Resta a realidade: precisamos de sessenta mil professoras (sic) neste ano para o ensino secundário e possuímos habilitados em Faculdades de Filosofia menos de um quinto, ou sejam (sic), 9.750.[25]

A literatura especializada em educação e em história da educação guarda um silêncio atordoante e injustificado quanto a essa campanha de formação de professores. Para o interior do estado de São Paulo, a Cades desempenhou papel extremamente mais importante que as faculdades de Filosofia no que diz respeito à formação de seus quadros docentes, importância também manifesta em outros Estados do país.[26]

Espalhadas pelo Brasil, as Inspetorias do Ensino Secundário, subordinadas às secretarias estaduais de Educação, cuidaram da implementação dos cursos Cades a partir de 1956, conforme nos relata Baraldi. Esses cursos intensivos de preparação aos exames de suficiência conferiam aos aprovados o registro de professor secundário e o direito de lecionar onde não houvesse licenciados por faculdades de Filosofia. De modo geral, tinham duração de um mês (janeiro ou julho) e eram

---

24 No panorama nacional, a década de 1950 surge com a novidade da criação do Ministério da Saúde. Com isso, o Ministério da Educação e Saúde Pública passa a se chamar Ministério da Educação e Cultura (MEC).

25 Revista EBSA, n.154, de janeiro de 1961

26 O trabalho de Rosinéte Gaertner, focando as escolas "alemãs" de Blumenau, aponta claramente a influência da Cades naquela região cujo único centro de formação universitária para professores de Matemática encontrava-se em Florianópolis.

196 ANTONIO VICENTE MARAFIOTI GARNICA

elaborados a fim de suprir as deficiências dos professores, até então leigos ou com formação muito distante da pretendida, referentes aos aspectos pedagógicos e aos conteúdos específicos das disciplinas que lecionariam ou até mesmo já lecionavam. O pouco material estudado sobre a Cades nos permite perceber a forte carga humanista da campanha, não raras vezes indicando uma intervenção radical e explícita da ideologia da Igreja Católica na condução de suas atividades.

Nessa configuração de formação lacunar e apressada para suprir as escolas secundárias no interior do estado, a Cades mostrou-se exemplar. Não existiam – nas que então eram as cidades de médio porte – centros de formação próximos (considerando que a "proximidade" da qual falamos é, também, relativa, numa época em que os transportes e a rede viária eram deficitários). A Cades, embora fundamental para preencher as vagas de docência em todas as disciplinas escolares, era um complexo de cursos de formação que ocorriam em períodos de férias e, como vimos, dava ao professor – muitos deles já em exercício efetivo – um registro provisório que permitia a atuação nas escolas secundárias, nas quais não havia professores com graduação específica nas faculdades de Filosofia. O registro provisório valeria, ainda, até o momento em que essas instituições fossem implantadas.

Ao final da década de 1960, já é possível perceber um movimento de proliferação das faculdades no interior, o que torna desnecessários os cursos e o exame de suficiência promovidos pela Cades, posto que sua função de agilizar a formação de quadros não foi suficiente para torná-la uma interventora para a formação continuada, do que pouco se falava à época.[27] Em 1971, com a nova Lei de Diretrizes e Bases da Educação Nacional, o exame de suficiência perde sua validade.

---

27 Projetos sistemáticos de formação continuada, visando a ministrar cursos de treinamento a professores em serviço surgem, com enorme ênfase, ao final da década de 1970, "notadamente no governo Paulo Maluf. Suas funções [...] parecem ser mais um paliativo à crise financeira que começava a atingir com bastante clareza a profissão docente do que, realmente, um processo formativo. A oferta dessa formação continuada parecia ter, ao fim e ao cabo, uma função ideológica de responsabilizar o professor pelas precariedades do sistema de ensino, o que acabava por justificar seus baixos salários" (Nota da autora).

A EXPERIÊNCIA DO LABIRINTO 197

Sendo inviável uma formação nas faculdades de Filosofia, restou, para grande parte dos professores do interior, a formação apoucada da Cades. Os depoimentos desses professores são claros, porém, quando endereçam às suas próprias experiências como alunos a responsabilidade efetiva por sua formação para atuar em salas de aula como docentes. Aprenderam com seus professores, na prática cotidiana dos bancos escolares, como o fizeram aqueles professores das escolas rurais. Não houve, portanto, um processo contínuo de formação, mas uma série de momentos retalhados e de curta duração, a partir dos quais constituíram suas estratégias de ensino. Basicamente, a formação para esses professores deu-se como uma rearticulação de suas vivências como alunos.

No início da década de 1970, começam a ser difundidos, tornando-se muito comuns, os cursos de Licenciatura Curta em Ciências, dos quais surgem, um pouco mais tarde, habilitações que os complementariam e dariam direito legal para o exercício da docência no ensino secundário. Concomitantemente, surgem os chamados "cursos vagos", oferecidos por instituições privadas como contra-opção aos cursos de Licenciatura em Ciências com Habilitação em Matemática que tinham duração de quatro anos e aulas presenciais no correr da semana. Verifica-se facilmente que a lei da sobrevivência do professor secundário esteve pautada pela obtenção desse título universitário. A prática docente de muitos professores, baseada nos livros didáticos, nos poucos cursos oferecidos pelos órgãos oficiais, no "perguntando aqui e ali" sobre métodos e conteúdos, deveria ser, agora, formalizada para que continuasse ocorrendo. A obrigatoriedade e urgência dessa "formação", obviamente, tornou-se a necessidade de mera formalização, o que mesmo cursos duvidosos de finais de semana poderiam oferecer. De toda essa trajetória de formações e formalizações, restava o modelo da Escola Normal, instância a que a maioria dos professores, então na ativa, tiveram acesso. Não causa espanto, portanto, a afirmação de que, mais do que as faculdades de Filosofia, a grande inspiração para os cursos de formação de professores foi a estrutura das Escolas Normais que, no Brasil, surgiram em meados do século XIX.

O trabalho de Baraldi, que aqui nos serve de referência fundamental, constitui-se a partir de oito depoentes que, embora tenham

198 ANTONIO VICENTE MARAFIOTI GARNICA

iniciado suas experiências docentes em períodos diferentes, permitem compreender uma trajetória de formação e atuação que abarca um período de, pelo menos, trinta anos (de 1950 a 1970). Seus relatos deixam bem marcadas as diferenças de formação até aqui pontuadas, ressaltando a importância da Cades e destacando que professores com formação em faculdades de Filosofia em exercício no interior do estado eram poucos, não raras vezes provenientes de famílias tradicionais ou financeiramente bem situadas. Em relação à matemática, propriamente dizendo, os depoimentos coletados permitem perceber certas influências comuns. Dentre elas destacamos especificamente Cid Guelli, cuja atuação centrada em Botucatu e irradiada para grande parte do estado, é marcante; e Júlio César de Mello e Souza, professor dos cursos da Cades e autor de manuais para a campanha. Dos livros didáticos há, entre outras, referências àqueles de autoria de Ary Quintella e Osvaldo Sangiorgi. Este é apontado também quando surge em cena a matemática moderna, ao que os professores dedicam grande atenção em seus relatos, qualificando negativamente, via de regra, o movimento.

A história da educação escolar caipira,[28] constituída nos vãos da história oficial da educação brasileira, vai, pois, trilhando caminhos distintos daqueles trilhados pelos alunos e professores dos grandes centros. Citadinos, cosmopolitas, elegantes, finos e sofisticados, segundo os dicionários, servem de antônimos à "caipira".

Colonização, recolonização e práticas de formação escolar

E não é estranho estender a expressão "escolarização caipira" ao interior do estado de São Paulo e não endereçá-la, apenas, às áreas rurais. Grande parte do interior do Estado – notadamente a região Oeste, na qual temos concentrado mais nossas investigações acerca da

---

28 Continuamos a nos valer aqui, ainda que não estejamos nos referindo mais às escolas rurais, do termo "caipira" para adjetivar os habitantes do interior do estado de São Paulo, ainda que haja algumas indicações que estendam o termo para as comunidades do sul de Minas Gerais e parte da região Centro-Oeste brasileira.

A EXPERIÊNCIA DO LABIRINTO 199

história da educação e da educação matemática do interior paulista – é de colonização relativamente recente. Vejamos, por exemplo, como caracterizar, nesse mapeamento da escolaridade caipira, uma região nova do processo colonizador paulista.

A Nova Alta Paulista, no Extremo-Oeste do estado, foi a última região paulista a ser colonizada pelo homem branco. As regiões denominadas de "sertões paulistas" ocorrem como espaços a serem desbravados como conseqüência dos interesses econômicos ligados ao café. É graças à cultura do café, a partir de meados do século XVIII, que o estado de São Paulo conquista liderança no cenário político e econômico brasileiro. A trajetória dos cafezais no estado parte do Vale do Paraíba e avança em direção às regiões mais interiores, trazendo consigo duas principais conseqüências: a imigração e a implantação do sistema de transporte, isto é, a construção de ferrovias e rodovias, uma vez que é sobre o tripé "café, ferrovia/rodovia, imigrante" que se assenta a colonização do estado de São Paulo e, conseqüentemente, a da Nova Alta Paulista. No final do século XIX, momento em que a marcha pioneira avança para o sertão, os imigrantes subsidiados pelo governo chegam em larga escala a São Paulo. Todavia, os fazendeiros do café não se satisfazem com o auxílio governamental e os mesmos homens que fundaram as companhias de estradas de ferro associam-se para participar diretamente da organização da imigração. Com a iniciativa e o capital dos plantadores de café, constituem-se em São Paulo várias empresas destinadas a recrutar imigrantes, especialmente italianos, para trabalharem nos cafezais. Da região de Campinas, as frentes de expansão avançam e novas áreas são ocupadas pelo café. Agora, os solos de terra roxa, que se sucedem em manchas próximas umas às outras, passam a orientar a marcha para o interior. Assim, o estado de São Paulo com suas gigantescas plantações abriga a terceira grande aristocracia do país – os fazendeiros do café, sucessores dos senhores de engenho e dos grandes mineradores – e conquista a liderança no cenário econômico e político. Para esse estado deslocam-se migrantes – particularmente do Norte – aos quais se somam imigrantes europeus. O trinômio "rodovia-caminhão-estrada de ferro", possibilitando o transporte, faz avançar cada vez mais a colonização.

200   ANTONIO VICENTE MARAFIOTI GARNICA

Segundo Alfredo Bosi, as palavras "colonização" e "cultura", derivam do mesmo verbo latino (*colo*), que para os romanos significou "eu moro, eu ocupo a terra". Ele define "colonização" como um projeto que visa ocupar um novo chão, explorar seus bens e submeter seus nativos. "Cultura" é termo definido como "o conjunto das práticas, das técnicas, dos símbolos e dos valores que se devem transmitir às novas gerações para garantir a reprodução de um estado de coexistência social", complementando que a "educação" é um "momento institucional marcado deste processo".

Para o trabalho de Ivani Galetti foram coletados e analisados depoimentos de cinco professores de Matemática que atuaram na Nova Alta Paulista no período de 1950 a 1970. À exceção de um deles – que nasceu e sempre viveu na região –, esses professores são pioneiros, oriundos de "regiões mais velhas" do estado de São Paulo, que, ao assumirem suas funções no magistério da Nova Alta Paulista, integram-se ao projeto expansionista instalado nessa região a partir das primeiras décadas do século XX, tornando-se "atores" não só do processo educacional e cultural, mas também do processo colonizador de uma região distante dos grandes centros. À época, essa região contava com um sistema precário de transportes e de comunicação, em que predominava a cultura do café, em pequenas e médias propriedades, e cuja força de trabalho constituía-se, basicamente, de imigrantes italianos e japoneses que não dominavam a língua portuguesa. Esses professores que chegam à região têm formações diferenciadas e seus depoimentos permitem perceber isso com clareza. Dois deles – que foram entrevistados exatamente por serem exceção à regra, num universo constituído por professores primários e "cadesianos" – cursaram universidades na capital do estado (PUC e Mackenzie). Um outro depoente, assim que terminou o "científico", foi aprovado em concurso de ingresso ao magistério oficial e, em 1957, mudou-se para a Nova Alta Paulista, licenciando-se em matemática, anos mais tarde, em um "curso vago" na cidade de Guaxupé,[29] no

---

29   Notamos que três dos depoentes em Baraldi freqüentam cursos de mesma natureza, dois deles na mesma cidade de Guaxupé (MG).

A EXPERIÊNCIA DO LABIRINTO 201

estado de Minas Gerais. Os outros dois colaboradores – tanto quanto o anteriormente citado, mais próximos à regra que à exceção – começam a ensinar matemática logo após iniciarem seus cursos de Licenciatura em faculdades da Nova Alta Paulista, tendo sido uma delas criada por um dos depoentes com formação na capital. Os poucos professores que tiveram sua formação em universidades da cidade de São Paulo conviviam com professores experientes, dentre os quais havia estrangeiros e professores de renome no campo da matemática; utilizavam uma bibliografia variada e tinham acesso a bibliotecas com bons acervos. Ao chegarem à Nova Alta Paulista, encontram uma nova "paisagem", que deles exige uma "transposição" da cultura que dominam. Precisam ser criativos, uma vez que "um novo público" requer práticas para o ensino da matemática que não podem ser aquelas usadas nas regiões "mais velhas". Assim, o ensino de matemática que se desenvolve na região é peculiar, surpreendentemente semelhante e diferente daquele das regiões mais "antigas" do estado, pois mantendo os conteúdos matemáticos que são tradicionalmente trabalhados nas escolas, criam-se novas práticas, visando à transposição para um novo chão. A colonização dota de "novas tonalidades" as práticas cotidianas dos professores que, nessa época, ensinam matemática: os professores provenientes dos grandes centros elaboram e mantêm um "projeto" para transpor para os filhos de migrantes e imigrantes a matemática aprendida ou nas universidades ou com renomados professores. "A colonização dá ares de recomeço e de arranque a culturas seculares", afirma Alfredo Bosi, e esses professores-depoentes comprovam essa asserção. Os agentes do processo de colonização não se reduzem àqueles que trabalham e cultivam o solo. Um grande rol de trabalhadores, dentre eles os da educação, são também colonizadores. Para os professores de matemática, o verbo *colo* assume o seu sentido básico: *o de tomar conta*, com o significado de "cuidar", cuidar do ensino da matemática.

O "bandeirante" e o professor – de modo diverso do que aconteceu no século XVIII, quando o bandeirante de São Paulo e os jesuítas travaram uma luta de morte – conciliam suas práticas, atuando, cada um ao seu modo, no projeto de colonização. Enquanto uns plantam e comercializam, outros constroem estradas e ferrovias, outros, ainda, contribuem para um projeto de formação escolar e cultural. Esses professores não se dedicam apenas ao ensino da matemática escolar, mas também desenvolvem um projeto expansionista no que diz respeito ao ensino da matemática. Eles direcionam a trajetória escolar dos filhos dos colonizadores, buscando dar-lhes acesso a tradicionais escolas de "segundo grau" e universidades da capital. Repete-se, portanto, um ciclo de exclusões similar àquele já apontado quando tratávamos da escola rural: a desigualdade de condições – no caso, a inexistência de determinadas escolas ou universidades na região – remete os filhos dos colonizadores à formação nos grandes centros, uma distorção que, de certa forma, pode também ser explicada pela necessidade de diferenciação de um determinado grupo em relação a outros. Para facilitar a freqüência de alunos da zona rural às atividades escolares, os professores-colonizadores da Nova Alta Paulista chegam a acolhê-los em suas próprias residências, estabelecendo vínculos que, extrapolando o período escolar, perduram até os dias atuais. Eles também cuidaram da capacitação e aperfeiçoamento dos demais professores da região, uma vez que, sendo amigos pessoais de acadêmicos conhecidos, os recebem em visita à região, ocasiões em que estabeleciam fóruns – dos quais participam professores de matemática da Nova Alta Paulista, formados ou não – nos quais se instaura um outro tipo de cruzamento, aquele entre a matemática acadêmica conhecida e produzida por esses professores e a ensinada nas escolas pelos professores da região. A colonização dá outros "ares de recomeço e de arranque" à cultura matemática escolar. Esses professores também "plantam" novas faculdades, com cursos de matemática, na Nova Alta Paulista, nas quais lecionam e para as quais escrevem livros. Embora inicialmente essas faculdades não tenham um corpo docente com formação acadêmica nem bibliotecas com bons acervos, elas cumprem o papel de terem possibilitado uma formação específica tanto aos professores não habilitados que já atuam nos cursos ginasial e colegial, ensinando matemática, como àqueles que iriam atender à crescente demanda que se instaura na região em decorrência do processo de colonização. Atualmente, a

A EXPERIÊNCIA DO LABIRINTO 203

grande maioria dos professores que atuam no ensino de matemática na Nova Alta Paulista é formada por essas faculdades, cujos primeiros embriões foram lançados por esses professores. Entretanto, "os ares de recomeço e arranque" não se restringiram à Nova Alta Paulista. O professor-colonizador sai à procura de "diplomas acadêmicos", uma formalização que a legislação, como já discutimos anteriormente, passa a exigir. Na década de 1970, passam a fazer parte do cenário de formação docente os cursos mantidos e divulgados pela Coordenadoria de Estudos e Normas Pedagógicas (Cenp), dos quais os professores participam, integrando-se a projetos da Secretaria da Educação do Estado de São Paulo.

Ainda que maciçamente a prática e a formação dos professores do interior do Estado de São Paulo sigam à revelia dos parâmetros ditados pelas faculdades de Filosofia tradicionais, instaladas em grandes centros, é possível perceber, nesse recorte relativo à colonização da Nova Alta Paulista, alguns elementos, a partir dos quais uma vinculação entre essas duas realidades começa a se estabelecer com maior ênfase, embora não possamos nos esquecer de que esses já são novos tempos, em que as leis que regem os sistemas de produção tendem a se articular mais explicitamente, a partir de uma grande matriz ditada pela economia capitalista, marcante a respeito – e em detrimento – das formas de organização mais primitivas e comunais dos núcleos rurais. O processo de urbanização intensifica-se e hoje as cidades são semelhantes com seus *shoppings* e suas luzes feéricas, com sistemas de transporte e comunicação que encurtam distâncias e tornam – ao menos aparentemente – homogêneas regiões que, num passado recente, eram extremamente distintas e apartadas.

Ora, encarando o passado da sociedade caipira, vemos que os bens para ela incompreensíveis permitiam definir tipos humanos mais ou menos plenos, dentro dos seus padrões e das suas possibilidades de vida econômica, social, religiosa, artística. No entanto, como hoje o homem rústico se incorpora cada vez mais à esfera das cidades, à medida que isto se dá aqueles usos, práticas, costumes se tornam, em boa parte, sobrevivências, a que os grupos se apegam como defesa. (Candido, 2001)

204 ANTONIO VICENTE MARAFIOTI GARNICA

Descentramentos: o eu que são muitos e seus vários e variados espaços

> *"Eu sou trezentos, sou trezentos-e-cincoenta,*
> *As sensações renascem de si mesmas sem repouso,*
> *Ôh espelhos, ôh Pireneus! ôh caiçaras!*
> *Si um deus morrer, irei no Piauí buscar outro!"*
> *(Mário de Andrade)*

O termo "descentramento", que serve de mote para este artigo, foi utilizado por Stuart Hall em seu livro *Identidade cultural na pós-modernidade*. Com ele o autor quer referir-se ao modo como o sujeito vem sendo conceptualizado no pensamento moderno:

> Meu objetivo é traçar os estágios através dos quais uma versão particular do "sujeito humano" – com certas capacidades humanas fixas e um sentimento estável de sua própria identidade e lugar na ordem das coisas – emergiu pela primeira vez na idade moderna; como ele se tornou "centrado", nos discursos e nas práticas que moldaram as sociedades modernas; como adquiriu uma definição mais sociológica ou interativa; e como ele está sendo "descentrado" na modernidade tardia.

O sujeito uno, racional, cartesiano, iluminista, vai sendo descentrado e mostra-se, na contemporaneidade, fragmentado, concebido de forma mutante pelas diversas teorias e abordagens para compreendê-lo. "Descentramento", portanto, é termo do qual nos valemos como inspiração com um sentido similar e distinto daquele de que Hall nos fala. Distinto pois nossa intenção é elaborar um exercício que indique a possibilidade – diríamos até a necessidade – de estudos que tomem como ponto de partida não o centro histórico hegemônico (as "grandes" cidades, as instituições formadoras "tradicionais", os "conhecidos" catedráticos, os textos didáticos "clássicos"), mas sua periferia e seus atores anônimos. Periferia e centro participam, nesse exercício, como pólos que interagem necessariamente. Não há centro sem periferia nem periferia sem centro. Nossa intenção, portanto, não é negar esses centros e sua importância, mas, focando a peri-

A EXPERIÊNCIA DO LABIRINTO   205

feria, possibilitar uma perspectiva que tem sido sistematicamente negligenciada pelos estudos históricos sobre a educação e, especificamente, sobre a educação matemática. De similar às intenções de Hall, temos a proposta de assumir o sujeito como essencialmente fragmentado, negando a possibilidade de vermos, por exemplo, "o" professor, "o" caipira, "o" aluno, "a" periferia, "o" centro a partir de definições estáticas e bem estabelecidas. Mais adequado, se nos permitisse a gramática, seria "uns" professor, "uns" caipira, "uns" aluno; dado que cada sujeito comporta várias identidades e se coloca no mundo como "um que é vários" – assumida nisso a fragmentação que lhe é própria. O caipira, como exemplo possível, não assume apenas uma identidade campesina de bom selvagem, mas transita por identidades outras, sendo habitante de pequenas cidades, participante tímida ou esclarecidamente das hordas urbanas, caubói de *shopping center*, professor(a), aluno(a), inspetor(a) de ensino, coronel, pai, mãe... e cada realidade (paisagem) na qual as potencialidades dos sujeitos se efetivam é formada a partir dos vários olhos que a percebem, sendo por isso, também ela, multifocada, dinamicamente concebida em perspectiva.

Finalmente, além dessas nossas disposições, ressaltamos que talvez fique no leitor deste artigo a impressão de que a especificidade em relação à matemática não foi convenientemente traçada, esboçando-se apenas de quando em vez, de maneira apoucada e vaga. Foi opção intencional do autor apontar essa que poderia ser tida como uma segunda forma de descentramento: um artigo em educação matemática que não toma as questões matemáticas como eixo principal. Centrar o texto no professor de "matemática", nas salas de aula de "matemática", no ensino de "Matemática" – embora tarefa importante e bem elaborada nos três trabalhos que nos servem de referência básica –, desfocaria o que nos pareceu, no momento, mais importante, uma vez que visávamos perceber como, na história da educação escolar, tem sido negligenciada uma diversidade de temas, com o que pende o pêndulo sempre em favor do ponto de vista clássico que toma a exceção por regra. Talvez se este estudo tivesse transitado mais na órbita da educação matemática, propriamente dita, esses elementos dissonantes que se pretendeu aqui abordar – os processos tortuosos pelos quais passaram os professores do interior em suas atuações e formações – ficassem tão escamoteados e diluídos que, como ocorre nos tratamentos históricos usuais, pareceriam sem importância, incidentais e anedóticos.

REFERÊNCIAS BIBLIOGRÁFICAS

ALBERTI, V. A existência na História: revelações e riscos da Hermenêutica. *Revista Estudos Históricos*, Rio de Janeiro, n.17, 1996.

_____. *Manual de história oral*. Rio de Janeiro: FGV, 2004a.

_____. *Ouvir e contar*: textos em história oral. Rio de Janeiro: FGV, 2004b.

ALIGHIERI, D. *La divina commedia*. Firenze: La Nuova Italia, 1940.

_____. *A divina comédia*. Belo Horizonte: Vila Rica, 1991.

ANDRADE, C. D. de. *Poesia completa*. Rio de Janeiro: Nova Aguilar, 2004.

ANÔNIMO. *Lazarilho de Tormes*. Mario M. Gonzáles (Org.); Heloísa Costa Milton e Antonio R. Esteves (Trad.). Valéria de Marco (Rev.). Edição de Medina Del Campo, 1554. São Paulo: Editora 34, 2005.

ARIÈS, P. A história das mentalidades. In: LE GOFF, J. *A nova história*. São Paulo: Martins Fontes, 1990.

_____. *História da Morte no Ocidente*. Rio de Janeiro: Ediouro, 2003.

ARISTÓTELES. *Organon*. Lisboa: Guimarães, 1987.

_____. *Poética – !!!! !!!!!!!!!!*. São Paulo: Ars Poetica, 1992.

BARALDI, I. M. *Retraços da educação matemática na região de Bauru (SP)*: uma história em construção. Rio Claro, 2003. Tese (Doutorado em Educação Matemática) – Instituto de Geociências e Ciências Exatas, Universidade Estadual Paulista, 2003.

BERNARDES, M. R. *As várias vozes e seus regimes de verdade*: um estudo sobre profissionalização (docente?). Bauru, 2003. Dissertação (Mestrado em Educação para a Ciência) – Faculdade de Ciências,

208 ANTONIO VICENTE MARAFIOTI GARNICA

Universidade Estadual Paulista.

BERNARDO, M. V. C. (1986). *Re-vendo a formação do professor secundário nas universidades públicas do Estado de São Paulo*. São Paulo, 1986. Tese (Doutorado em Psicologia da Educação) – Faculdade de Educação, Pontifícia Universidade Católica de São Paulo.

BERTAUX, D. *Destinos pessoais e estrutura de classe*. Rio de Janeiro: Zahar, 1979.

BÍBLIA DE JERUSALÉM. São Paulo: Edições Paulinas, 1981.

BLOCH, M. *Introdução à História*. Lisboa: Europa-América, 1965.

BLOCH, M. L. B. *Apologia da História ou O ofício de historiador*. Rio de Janeiro: Zahar, 2001.

BOLÍVAR, A. *"De nobis ipsis silemus?"*: Epistemologia de la investigación biográfico-narrativa em educación. *Revista Electrónica de Investigación Educativa*, 4(1), 2002. Disponível em: <http://redie.ens.uabc.mx/vol4no1/contenido-bolivar.html>. Acessado em 5.4.2005.

BORGES, J. L. *Obras completas*. São Paulo: Globo, 2000.

BOSI, A. O tempo e os tempos. In: NOVAES, A. (Org.) *Tempo e história*. São Paulo: Cia. das Letras, 1992.

_____. *Dialética da colonização*. São Paulo: Cia. das Letras, 2002.

BROMBERT, V. *Em louvor de anti-heróis*. São Paulo: Ateliê Editorial, 2001.

BRUNEL, P. *Dicionário de mitos literários*. Rio de Janeiro: José Olympio/ UnB, 1998.

BURKE, P. *Testemunha ocular*: história e imagem. Bauru: Edusc, 2004.

CALVINO, I. *Se um viajante numa noite de inverno*. São Paulo: Cia. das Letras, 2003.

CAMUS, A. *A peste*. Rio de Janeiro: Record, 1974.

_____. *O mito de Sísifo*. Rio de Janeiro: Guanabara, 1989.

CANDIDO, A. *Os parceiros do Rio Bonito*. São Paulo: Duas Cidades/ Editora 34, 2001.

CAPOTE, T. *Música para camaleões – Nova escrita*. São Paulo: Cia. das Letras, 2006.

CARNEIRO, M. C. Dialética do esclarecimento de Horkheimer e Adorno. In: *ANAIS* do II Simpósio Comunidade Escolare Comunidade Científica. Unesp-Ilha Solteira, 2005.

CERTEAU, M. de. *A invenção do cotidiano*. Artes de fazer. Petrópolis: Vozes, 2002.

CHERVEL, A. História das disciplinas escolares: reflexões sobre um

A EXPERIÊNCIA DO LABIRINTO 209

campo de pesquisa. *Teoria & Educação*, Porto Alegre, n.2, p.177-229, 1990.

COHEN, J. J. A cultura dos monstros: sete teses. In: SILVA, T. T. da. *Pedagogia dos monstros*: os prazeres e os perigos da confusão de fronteiras. Belo Horizonte: Autêntica, 2000.

CORREIA, M. E. P.; NEVES, H. M. V.; MELLO, M. G. *Arquitetura escolar paulista: 1890-1920*. São Paulo: FDE, 1991.

CORSO, M. *Monstruário: inventário de entidades imaginárias e de mitos brasileiros*. Porto Alegre: Tomo, 2002.

CORTÁZAR, J. *Os reis*. Rio de Janeiro: Civilização Brasileira, 2001.

CUNHA, A. G. da. *Dicionário etimológico da Língua Portuguesa*. Rio de Janeiro: Nova Fronteira, 1982.

DARNTON, R. *O grande massacre de gatos – e outros episódios da história cultural francesa*. Rio de Janeiro: Graal, 1986.

DELGADO, J. M.; GUTIÉRREZ, J. (Org.) *Métodos y técnicas cualitativas de investigación en ciencias sociales*. Madrid: Editorial Síntesis, 1994.

DEMARTINI, Z. Desigualdade, trabalho e educação: a população rural em questão. *Cadernos de Pesquisa*, n.64, p.24-37, 1988.

_____. Cidadãos analphabetos: propostas e realidade do ensino rural em São Paulo na Primeira República. *Cadernos de Pesquisa*, São Paulo, n.71, p.5-19, 1989a.

_____. *O coronelismo e a educação na Primeira República. Educação e Sociedade*, Campinas, dez. 1989b, p.44-74.

DEMARTINI, Z.; TENCA, S. C.; TENCA, A. Os alunos e o ensino na República Velha através das memórias de velhos professores. *Cadernos de Pesquisa*, São Paulo, n.52, p.61-71, 1985.

DESCARTES, R. *Regras para a direcção do espírito*. Lisboa: Editorial Estampa, 1971.

DE VARAZZE, J. *Legenda áurea: vida de santos*. São Paulo: Cia. das Letras, 2003.

DUNAWAY, D. K.; BAUM, W. K. (Ed.) *Oral History – An Interdisciplinary Anthology*. New York: Altamira Press, 1996.

ELIADE, M. *Mito do eterno retorno*. São Paulo: Mercuryo, 1992.

_____. *A solidão dos moribundos* (seguido de *Envelhecer e Morrer*). Rio de Janeiro: Zahar, 2001.

ELIAS, N.; SCOTSON, J. L. *Os estabelecidos e os outsiders*. Rio de Janeiro: Zahar, 2000.

210 ANTONIO VICENTE MARAFIOTI GARNICA

ENCICLOPÉDIA EINAUDI. *Método – Teoria/Modelo*. Lisboa: Imprensa Nacional – Casa da Moeda, 1992. v.21.

FARRELL, J. *A assustadora história das pestes & epidemias*. São Paulo: Ediouro, 2003.

FERRER, P. A. (2001). J. L. Borges: *La Casa de Asterión*: recreación intelectual de un mito. *Espéculo*: Revista de Estudios Literários, Madrid, n.19, 2001. Universidad Complutense.

FOUCAULT, M. *Vigiar e punir*: nascimento da prisão. Petrópolis: Vozes, 1987.

GAERTNER, R. *A matemática escolar em Blumenau (SC) no período de 1889 a 1968*: da Neue Deutsche Schule à Fundação Universidade Regional de Blumenau. Rio Claro, 2004. Tese (Doutorado em Educação Matemática) – Instituto de Geociências e Ciências Exatas, Universidade Estadual Paulista.

GALETTI, I. P. *Educação Matemática e Nova Alta Paulista: orientação para tecer paisagens*. Rio Claro, 2004. Dissertação (Mestrado em Educação Matemática) – Instituto de Geociências e Ciências Exatas, Universidade Estadual Paulista.

GARNICA, A. V. M. *A interpretação e o fazer do professor*: um estudo sobre a possibilidade do exame hermenêutico na Educação Matemática. Rio Claro, 1992. Dissertação (Mestrado em Educação Matemática) – Instituto de Geociências e Ciências Exatas, Universidade Estadual Paulista.

_____. *Um tema, dois ensaios*: método, história oral, concepções, educação matemática. Bauru, 2005. Tese (Livre-docência junto ao Departamento de Matemática) – Faculdade de Ciências, Universidade Estadual Paulista.

GINZBURG, C. *Mitos, emblemas e sinais*: morfologia e história. São Paulo: Cia. das Letras, 1989.

_____. *Olhos de madeira*: nove reflexões sobre a distância. São Paulo: Cia. das Letras, 2001.

GRIMAL, P. *Dicionário de mitologia grega e romana*. Rio de Janeiro: Bertrand, 1993.

HALL, S. *A identidade cultural na pós-modernidade*. Rio de Janeiro: DP&A, 2004.

HOUAISS, A.; VILLAR, M. de S. *Dicionário Houaiss da língua portuguesa*. Rio de Janeiro: Objetiva, 2001.

JENKINS, K. *A história repensada*. São Paulo: Contexto, 2004.

A EXPERIÊNCIA DO LABIRINTO 211

JOLLES, A. *Formas Simples*. São Paulo: Cultrix, 1976.

JOUTARD, P. *Esas voces que nos llegan del pasado*. Buenos Aires: Fondo de Cultura Económica, 1999.

KILPATRICK, J. The road we've taken. *Journal for Research in Mathematics Education*, v.32, n.2, p.223, March 2001.

LALANDE, A. *Vocabulário técnico e crítico da filosofia*. São Paulo: Martins Fontes, 1993.

LANGEMANN, H. *An elusive science: the troubling history of education research*. Chicago: University of Chicago Press, 2000.

LE GOFF, J. *A Nova História*. São Paulo: Martins Fontes, 1990.

LEWIS, O. *The Children of Sanchez: autobiography of a Mexican Family*. New York: Vintage Books/Randon House, 1963.

LINS, R. C. Por que discutir teoria do conhecimento é relevante para a educação matemática. In: BICUDO, M. A. (Org.) *Pesquisa em educação matemática*: concepções & perspectivas. São Paulo: Unesp, 1999. p.75-94.

MARANHÃO, C. *Maldição e glória*: a vida e o mundo do escritos Marcos Rey. São Paulo: Cia. das Letras, 2004.

MARTINS, J. A Pesquisa Qualitativa. In: FAZENDA, I. *Metodologia da pesquisa educacional*. São Paulo: Cortez, 1989. p.48-58.

MARTINS, J. C. G. *Sobre revoluções científicas na matemática*. Rio Claro, 2005. Tese (Doutorado em Educação Matemática) – Instituto de Geociências e Ciências Exatas, Universidade Estadual Paulista.

MARTINS, M. E. *Resgate histórico da formação e atuação de professores de escolas rurais da região de Bauru (SP)*. Relatório de Iniciação Científica. Fapesp/Departamento de Matemática, Universidade Estadual de São Paulo, Bauru, 2003.

MICHELET, J. *O povo*. São Paulo: Martins Fontes, 1988.

MIGUEL, A.; GARNICA, A. V. M./ IGLIORI, S. B. C.; D'AMBROSIO, U. A educação matemática: breve histórico, ações implementadas e questões sobre sua disciplinarização. *Revista Brasileira de Educação*. ANPED, n.27, Campinas: Autores Associados, 2004. p.70-93.

MIGUEL, A. Texto não-publicado elaborado para argüição durante exame de qualificação de Carlos Humberto Alves Corrêa. FE, Unicamp, 17.5.2005.

MOLES, A. *As ciências do impreciso*. Rio de Janeiro: Civilização Brasileira, 1995.

MONTEIRO, E. C. *A extraordinária vida de Jésus Gonçalves*. São Bernardo do Campo: Correio Fraterno, 1980.

NIETZSCHE, F. *Obras incompletas*. (Os pensadores: seleção de textos de Gerárd Lebrun). São Paulo: Nova Cultural, 1987.

NUÑEZ, M. G. La discussión acerca del Mito y el Laberinto em 'La Casa de Asterión' de J. L. Borges. *Espéculo*: Revista de Estudios Literários, n.22, Madrid: Universidad Complutense, 2002.

PALMER, R. *Hermenêutica*. Lisboa: Edições 70, 1969.

PESSANHA, J. A. da M. Filosofia e modernidade: racionalidade, imaginação e ética. *Cadernos ANPED*, 4, 1993.

QUINN, D. *Ismael*. São Paulo: Best Seller/Círculo do Livro, 1992.

REIS, J. C. *Escola dos Annales – a inovação em história*. São Paulo: Paz e Terra, 2000.

RICOEUR, P. *O conflito das interpretações*: ensaios de Hermenêutica. Lisboa: Rés, 1969.

SCHMITT, J. C. A história dos marginais. In: LE GOFF, J. *A Nova História*. São Paulo: Martins Fontes, 1990.

SEARA, H. F. *Nedem – Núcleo de Estudo e Difusão do Ensino da Matemática: sua contribuição para a Educação Matemática no Paraná*. Curitiba, 2005. Dissertação (Mestrado em Educação Matemática) – Universidade Federal do Paraná.

SERRAZINA, L. *Reflexão, conhecimento e práticas lectivas em matemática num contexto de reforma curricular no 1º ciclo*. Disponível em: <http://www.educ.fc.ul.pt/docentes/jponte/fp/textos%20_p/99-serrazina.doc>. Acessado em 30.6.2005.

SILVA, R. V. da. *Identidade cultural do professor de Matemática a partir de depoimentos (1950-2000)*. Rio Claro, 2004. Tese (Doutorado em Educação Matemática) – Instituto de Geociências e Ciências Exatas, Universidade Estadual Paulista.

SOUZA, A. C. C. de. (2005). *(Entre)Mentes, Nômade!*. (no prelo).

SOUZA, G. L. D. de. *Três décadas de Educação Matemática*: um estudo de caso da Baixada Santista no período de 1953 a 1980. Rio Claro, 1998. Dissertação (Mestrado em Educação Matemática) – Instituto de Geociências e Ciências Exatas, Universidade Estadual Paulista.

_____. *Educação Matemática na CENP*: um histórico sobre condições institucionais de produção cultural por parte de uma comunidade de prática. Campinas, 2005. Tese (Doutorado em Educação) – Faculdade de Educação, Universidade de Campinas.

THOMPSON, J. B. *Ideologia e cultura moderna*: teoria social crítica na era dos meios de comunicação de massa. Rio de Janeiro: Vozes, 2002.

A EXPERIÊNCIA DO LABIRINTO 213

THOMPSON, P. *A voz do passado*: história oral. Rio de janeiro: Paz e Terra, 1992.

TRONCA, I. Foucault, a doença e a linguagem delirante da memória. In: BRESCIANI, S.; NAXARA, M. (Org.) *Memória e (res) sentimento*: Indagações sobre uma questão sensível. Campinas: Editora da Unicamp, 2001.

TUCHAPESK, M. (2004). *O movimento das tendências na relação Escola–Família–Matemática*. Rio Claro, 2004. Dissertação (Mestrado em Educação Matemática) – Universidade Estadual Paulista.

VIANNA, C. R. *Vidas e circunstâncias na Educação Matemática*. São Paulo, 2000. Tese (Doutorado em Educação) – Faculdade de Educação, Universidade de São Paulo.

YOUNG, J. *A sociedade excludente – exclusão social, criminalidade e diferença na modernidade recente*. Rio de Janeiro: Revan, 1970.

WOORTMANN, K. *O selvagem e o novo mundo: ameríndios, humanismo e escatologia*. Brasília: UnB, 2004.

SOBRE O LIVRO

Formato: 14 x 21 cm
Mancha: 23,7 x 42,5 paicas
Tipologia: Horley Old Style 10,5/14
Papel: Offset 75 g/m² (miolo)
Cartão Supremo 250 g/m² (capa)
1ª edição: 2008

EQUIPE DE REALIZAÇÃO

Coordenação Geral
Marcos Keith Takahashi

Impressão e Acabamento

bandeirantes
on demand